FUNDAMENTOS DA GESTÃO DA PRODUÇÃO E OPERAÇÕES

ESTRATÉGIAS PARA O SUCESSO EMPRESARIAL

MARCELE ELISA FONTANA

FUNDAMENTOS DA GESTÃO DA PRODUÇÃO E OPERAÇÕES

ESTRATÉGIAS PARA O SUCESSO EMPRESARIAL

Freitas Bastos Editora

Direção Editorial: Isaac D. Abulafia
Gerência Editorial: Marisol Soto
Revisão: Sabrina Dias
Diagramação e Capa: Madalena Araújo

Dados Internacionais de Catalogação na Publicação (CIP) de acordo com ISBD

F679f	Fontana, Marcele Elisa Fundamentos da Gestão da Produção e Operações: estratégias para o sucesso empresarial / Marcele Elisa Fontana. - Rio de Janeiro, RJ : Freitas Bastos, 2024. 300 p. : 15,5cm x 23cm. ISBN: 978-65-5675-381-2 1. Administração. 2. Gestão da Produção e Operações. I. Título.
2024-336	CDD 658 CDU 65

Elaborado por Vagner Rodolfo da Silva - CRB-8/9410
Índice para catálogo sistemático:
1. Administração 658
2. Administração 65

Freitas Bastos Editora

atendimento@freitasbastos.com
www.freitasbastos.com

LISTA DE FIGURAS

LISTA DE QUADROS

LISTA DE TABELAS

SUMÁRIO

1. INTRODUÇÃO À GESTÃO DA PRODUÇÃO E OPERAÇÕES

Este livro tem o objetivo de trazer os conteúdos básicos e necessários para iniciar a compreensão da gestão da produção e operações, procurando trazer esses conceitos de maneira didática e clara, sendo adequado aos estudantes de graduação.

O livro está dividido em 14 capítulos. Primeiramente, este capítulo introdutório que versa sobre os conceitos gerais e comuns a todos os sistemas produtivos e porte de empresas. O capítulo 2 discute sobre a importância do pensamento estratégico e os objetivos de desempenho que devem ser analisados na função produção.

O capítulo 3 relata sobre as características que diferenciam os processos produtivos ou sistemas de produção. Uma vez compreendido qual é o tipo de processo mais adequado, inicia-se o problema do arranjo físico da instalação, relatado no capítulo 4. Em seguida o projeto do trabalho e sua importância, mesmo com o advento da tecnologia, são abordados no capítulo 5.

O capítulo 6 traz os conceitos introdutórios do planejamento e controle da produção, em que está relacionado diretamente aos demais capítulos: previsão de demanda (capítulo 7), planejamento da capacidade (capítulo 8), controle de estoque (capítulo 9), planejamento de vendas e operações (capítulo 10), planejamento de recursos (capítulo 11) e sequenciamento, programação e controle da produção (capítulo 12), produção empurrada e *Just in Time* com foco na programação da produção puxada (capítulo 13). Por fim, o capítulo 14 discorre sobre a importância da gestão total da qualidade para um sistema produtivo eficiente.

O que vamos ver neste capítulo:

- Conceito de Gestão da Produção.
- Áreas da gestão da produção.
- Por que o desempenho da produção é vital?
- Modelo geral da administração (gestão) da produção.

Este capítulo introdutório foi construído considerando os trabalhos de Moreira (2011), Slack, Brandon-Jones & Johnston (2015) e Krajewski, Ritzman & Malhotra (2017).

1.1 O que é gestão da produção?

A Gestão da Produção ou Administração da Produção refere-se ao projeto, direção e controle dos processos que transforma insumos em produtos (bens ou serviços), tanto para os clientes internos quanto para os externos. Neste sentido, vários autores diferenciam "Produção" de "Operações", mas o que significam?

- *Produção* é o termo que ficou, popularmente, relacionado às atividades industriais, ou seja, àquelas responsáveis pela transformação de materiais em bens físicos;
- Enquanto *Operações* seria um termo mais adequado às atividades desenvolvidas para a prestação de serviços, ou seja, não industriais.

Na prática, a maioria dos conceitos importantes é válida nas duas situações. Isso ocorre pelo fato de entendermos que, hoje, a maioria dos processos forma uma mistura entre bens e serviços, assunto que será abordado com mais detalhes nas próximas seções. Assim, neste livro, usaremos o termo **Produção** para as duas finalidades, destacando sempre que o conceito for distinto entre elas.

1.2 Áreas da gestão da produção

Todas as empresas, sejam de pequeno ou grande porte, podem lidar exatamente com as mesmas questões de gestão da produção, a diferença está no grau de especialização das tarefas. Em empresas pequenas, normalmente, poucas pessoas executam muitas tarefas distintas, como, por exemplo, o dono que é responsável pelo financeiro, marketing e produção. Isso é possível, porque o volume de tarefas é baixo. No entanto, em empresas grandes, o volume de trabalho aumenta a ponto de ocorrer intensa repetição das mesmas tarefas. Assim, cada indivíduo se especializa em poucas atividades. Isso nada tem a ver com o grau de complexidade da tarefa em si, mas com o número de diferentes funções que cada pessoa será responsável.

Ademais, tradicionalmente, as empresas, sejam industriais ou não, são organizadas em áreas, com departamentos ou setores responsáveis por diversas atividades, tais como: recursos humanos, marketing, logística, produção etc. Administrar produção/operações é fundamental para cada uma destas áreas, pois somente por meio da administração bem-sucedida, seja de pessoas, capital, materiais e informação, será possível cumprir as metas da organização.

Portanto, internamente, todos os departamentos precisam organizar eficazmente seus recursos e realizar algum processo de transformação que gerará um bem ou serviço. Por exemplo, o departamento de recursos humanos precisa se organizar para realizar o processo de recrutamento e seleção, para que a empresa tenha seu quadro de funcionários adequado às necessidades, enquanto o marketing precisa analisar uma pesquisa de mercado para elaborar a estratégia de vendas para o próximo período.

Assim, a **Atividade** de produzir está relacionada a qualquer transformação de recursos para produzir bens e/ou serviços para clientes internos ou externos. Em outras palavras, trata-se dos processos realizados pelos diversos departamentos da organização.

Já a **Função** produção está relacionada, especificamente, à produção (ou operação) de bens (ou serviços) para clientes externos. Para compreender melhor a diferença, pergunte-se sempre: o que essa empresa vende? A resposta desta pergunta dará origem à função produção daquela empresa.

> *A* ***função produção*** *é o "coração" da empresa, sua razão de existir.*

Por exemplo, uma indústria de laticínio vende leite, queijos, iogurtes etc. O local onde estes produtos são produzidos, ou seja, onde os ingredientes são transformados nos produtos finais, é a **função** produção da empresa. Já um centro de distribuição "vende" o serviço de estocagem e atendimento das ordens dos clientes, assim sua função produção (neste caso, operação) é área de estocagem e separação de pedidos. Por fim, um dentista tem como função produção (aqui também, operação) a cadeira, onde realiza todos os serviços de saúde bucal.

> **Importante ter em mente:**
>
> *Cada parte (área) de uma organização, não apenas a função de produção, precisa projetar e operar processos e tratar de qualidade, tecnologia e pessoal.*
>
> *Cada parte de uma organização possui sua própria identidade, no entanto, está vinculada à produção.*
>
> *Slack, Brandon-Jones & Johnston et al., 2015.*

1.3 Por que o desempenho da produção é vital?

À medida que já entendemos que a função produção é o "coração" da empresa, sua razão de existir, fica mais fácil perceber que a forma de gerenciar essa função, ou seja, a administração da produção pode "desenvolver ou quebrar" qualquer empresa. Especialmente porque é nesta função, na maioria das empresas, que está o maior volume de seus ativos.

Uma boa gestão da produção deve entender que seu resultado tem triplo impacto (*triple bottom line*): social, econômico e ambiental (Krajewski *et al.*, 2017).

Ambiental porque a gestão da produção deve aceitar que assume alguma responsabilidade pelo impacto que tem sobre o ambiente natural, seja pelo uso de recursos extraídos na natureza ou pelos resíduos gerados no processo produtivo.

Econômico devido à agregação de valor que o processo de transformação efetivamente executa, considerando os custos para tal. Em particular, a gestão da produção pode afetar o desempenho econômico de cinco modos:

1. Aumento da eficiência do processo, ao produzir mais com menos insumos, leva a diminuição do custo de produção.
2. A melhor utilização da capacidade produtiva leva a menor exigência de capital para investimentos em máquinas e equipamentos.
3. A melhoria do processo, reduzindo erros e falhas, leva a melhor resiliência do processo e, consequentemente, menor risco operacional.
4. A melhoria do processo, gerando produtos de maior qualidade, eleva a satisfação dos clientes e, consequentemente, gera maior volume de vendas.

5. Esse processo de melhoria também oportuniza a aprendizagem contínua do processo e vislumbre de competências para inovações futuras.

Importante saber que a gestão da produção/operações eficiente fornece cinco principais resultados econômicos:

1. Redução dos custos de operação
2. Redução da necessidade de novos investimentos
3. Redução custo das falhas
4. Aumento da receita
5. Oportunidades futuras.

Social todo processo produtivo é feito por pessoas, além de máquinas, e para pessoas.

À medida que a gestão da produção se torna eficiente ela aumenta a qualidade dos produtos (bens e/ou serviços). Com isso, há uma tendência de aumento na procura dos produtos desta empresa, ou seja, aumenta a demanda. Para suprir essa demanda o processo precisa aumentar o volume de produção e, consequentemente, contratar mais funcionários. Logo haverá a geração de mais empregos. O maior volume de vendas também tende a elevar o lucro da empresa, que gerará aumento da arrecadação de impostos, que deverão ser revertidos como subsídio às políticas públicas em benefício da população.

A gestão da produção/operações eficiente fornece três principais ganhos à sociedade:

1. Maior qualidade dos produtos.
2. Aumento da geração de empregos.
3. Aumento na arrecadação de impostos para subsídio às políticas. públicas.

1.4 Modelo geral – as três operações essenciais

Toda organização apresenta particularidades e um processo específico de produção, também conhecido por sistema de produção que estudaremos no capítulo 3. Contudo, há três operações essenciais que fazem parte de todos os sistemas: INPUT → TRANSFORMAÇÃO → OUTPUT. Estas operações essenciais formam o modelo geral da administração (gestão) da produção, como ilustra a Figura 1.

Figura 1: Modelo geral da Administração da produção.

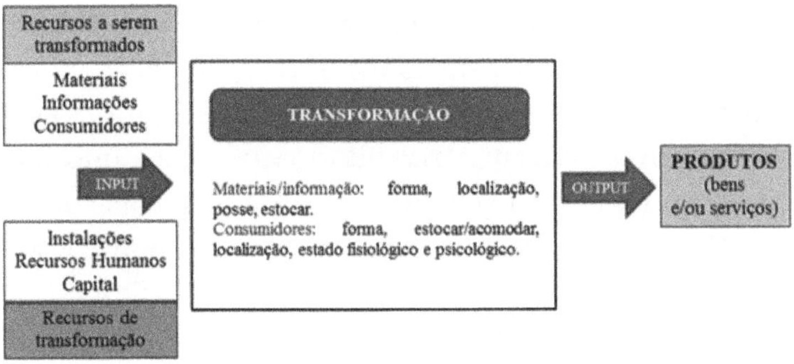

Fonte: adaptado de Slack, Brandon-Jones & Johnston, 2015.

Resumidamente, a produção envolve um conjunto de recursos (*inputs*) usados para transformar algo, recursos de transformação ou transformadores (ex. instalações, máquinas, equipamentos, recursos humanos, capital), ou seja, que agem sobre os recursos a serem transformados em algo (*output*). Os recursos transformados, geralmente, são as "matérias-primas" do processo, compostos de materiais, informações ou consumidores.

O processo de transformação diz respeito ao processo principal desenvolvido pela empresa que está diretamente relacionado com a natureza dos recursos transformados, por meio da mudança da forma, localização e posse ou pela estocagem, podendo ainda haver a mudança do estado fisiológico e/ou psicológico.

Exemplificando, as manufaturas transformam a forma física e/ou química dos materiais, como o alumínio que vira latinha, panelas, dentre outros, ou ainda a farinha que é um ingrediente para bolos, biscoitos etc. As transportadoras alteram a localização desse material para que ele possa chegar ao consumidor. Os centros de distribuição executam a estocagem temporária destes materiais. Por fim, o varejo é responsável pelo contato direto com o consumidor e a alteração de posse do material.

Analogia semelhante ocorre com a informação. Empresas de contabilidade transformam dados de fluxo de caixa em informações úteis a empresa (forma). Bibliotecas físicas ou digitais, ou ainda drives estocam várias informações. Uma informação ainda pode ser apenas vendida, mudança de posse, como um *know-how* ou uma pesquisa de mercado. Os meios de telecomunicação são os grandes responsáveis pela mudança de localização das informações; fatos que ocorrem em determinados locais são de rápido conhecimento global, graças a estes meios.

Por fim, no setor de serviços, os consumidores também fazem parte de todo ou parte do processo de transformação.

Assim, a forma do consumidor pode ser alterada pelo serviço de um cabeleireiro ou manicure. A sua localização é alterada por serviços de ônibus, táxis, aviação etc. Já a estocagem, aqui denominada acomodagem, é a essência de hotéis, pousadas e resorts. A posse não se aplica neste caso, mas surge a mudança no **estado fisiológico** e **psicológico**. A primeira tem relação com serviços de hospitais, clínicas médicas, dentistas, entre outros, enquanto a **última** está relacionada ao entretenimento, como parques, cinemas, shows etc.

Definido o tipo de transformação que será realizado por aquela empresa, será possível definir os *outputs*, ou seja, o produto deste processo, normalmente classificado em bens ou serviços. Para diferenciar bens de serviços, Slack *et al.* (2015) relatou que um bem se caracteriza por ser tangível e, portanto, passível de estocar. Isso permite, por exemplo, que manufaturas possam produzir bens antes da demanda ocorrer, organizando seus recursos transformadores em prol da minimização dos custos de produção. Enquanto em serviços, ele só pode ser executado havendo a demanda, por isso os picos de demanda em determinados períodos, como em restaurantes, supermercados e shoppings. Ademais, ele menciona que existe uma simultaneidade entre o consumo e o processo de transformação quando se refere ao serviço, como ocorre no cabeleireiro ou no dentista, por exemplo. O mesmo não ocorre na fabricação de um bem, que precisa ser finalizado para que o consumo ocorra. Dito isso, o contato que o consumidor tem durante as etapas de transformação é maior na prestação de serviços do que na produção de bens.

Por sua vez, o conceito de qualidade também difere. Quando o consumidor avalia a qualidade de um bem, uma vez que ele não tenha tido contato com o processo de transformação (ressaltamos que esse contato é possível, por exemplo, quando ocorre algum nível de customização ou personalização), ele irá observar as características do bem em si, funcionalidade, aparência etc. Já em serviços, a qualidade está associada a todo o processo e não somente ao resultado. Muitas vezes, avaliamos que uma loja é melhor do que a outra pela simpatia do vendedor.

Apesar destas definições serem válidas para a maioria dos casos é importante salientar que a transformação tecnológica e as necessidades dos consumidores estão levando, cada dia mais, as empresas a oferecerem um *mix* entre bens e serviços. E essa definição está relacionada ao VALOR que é agregado aos olhos do consumidor.

1.5 Evoluções na gestão da produção

As mudanças características da Quarta Revolução Industrial já são visíveis no ambiente industrial, como também na sociedade, e uma das alterações que mais se destaca é associada à crescente demanda do mercado por produtos produzidos com grau cada vez mais alto de variabilidade e personalização, aumentando a expectativa no atendimento aos requisitos, principalmente, em relação à qualidade (Lasi *et al.*, 2014).

Em sua concepção, o objetivo da Indústria 4.0 é estabelecer a criação de valor industrial inteligente, autorregulável e interconectado (Liao *et al.*, 2017). Lee (2017) acredita que um ponto fundamental da Indústria 4.0 é a união do ambiente físico e virtual, que é possível devido à integração entre os processos físicos e computacionais, chamados de Sistemas Físicos Cibernéticos. As organizações que utilizam destes conceitos são denominadas Fábricas Inteligentes e configuram a base da Indústria 4.0 (Hofmann; Rüsch, 2017).

Nem sempre é nítido o impacto da Indústria 4.0, desta forma, os pesquisadores estão sendo desafiados a buscar motivadores e prováveis resultados da Indústria 4.0 na produção, construção civil, cadeia de suprimentos, indústria naval, bem como novos modelos de negócios industriais, entre outras áreas (Ronchi *et al.*, 2010). Diante disto, os sistemas de manufatura necessitam ser reconfigurados tornando-se capazes de absorver as informações e aplicá-las nos processos de fabricação, tornando os processos flexíveis, adaptáveis e inteligentes com a finalidade de atender o novo formato dinâmico e global de mercado consumidor. Neste livro não serão abordados, especificamente, os sistemas produtivos relativos à indústria 4.0 por entender que, no Brasil, a maioria das empresas, ainda, está com dificuldades em suas indústrias 1.0, 2.0 e no máximo 3.0. Além disso, a industrialização 4.0 significa um incremento substancial para pequenas e médias empresas.

1.6 Questões para discussão

1. O que é gestão da produção?
2. Qual a diferença entre produção e operações?
3. Explique a afirmação: "uma boa gestão da produção deve entender que seu resultado tem triplo impacto (*triple bottom line*): social, econômico e ambiental".
4. Quais são as similaridades entre todas as operações produtivas?
5. Como podemos classificar os *inputs*?
6. O processo de transformação está relacionado ao tipo de *input*, como eles podem ser transformados?

REFERÊNCIAS

HOFMANN, Erik; RÜSCH, Marco. *Industry 4.0 and the current status as well as future prospects on logistics*. Computers in Industry, v. 89, p. 23-34, 2017.

KRAJEWSKI, L.; RITZMAN, L.; MALHOTRA, M. *Administração de produção e operações*. 11. ed. São Paulo: Pearson Education, 2017.

LASI, Heiner, FETTKE, P.; KEMPER, H. G.; FELD, T.; & HOFFMANN, M. *Industry 4.0. Business & Information Systems Engineering*. 6(4), p. 239-242, 2014.

LEE, Joosung; KIM, Jaejun. *BIM-Based 4D Simulation to Improve Module Manufacturing Productivity for Sustainable Building Projects*. Journal. Sustainability, 2017.

LIAO, Yongxin; DESCHAMPS, Fernando; LOURES, Eduardo; RAMOS Luis Felipe. *Past, present, and future of Industry 4.0* – a systematic literature review and research agenda proposal, 2017.

MOREIRA, Daniel Augusto. *Administração da produção e operações*. São Paulo: Cengage Learning, 2011.

RONCHI *et al*. *What is the value of an IT e-procurement system?* Journal of Purchasing and Supply Management. 16(2), 2010, p.131–140.

SLACK, N.; BRANDON-JONES, A.; JOHNSTON, R. *Administração da Produção*. 4. ed. Atlas, 2015.

2. ANÁLISE DO DESEMPENHO DAS OPERAÇÕES

Não de hoje, mas aceleradamente nos tempos modernos, os gestores da produção e operações devem ser capazes de lidar com as incertezas intrínsecas das previsões de mercado e administrar as flexibilidades que essa incerteza requer. Além disso, precisam definir os objetivos das partes individuais do sistema de manufatura, de modo que todas elas contribuam apropriadamente para os objetivos do sistema. Assim, esses gestores precisam não apenas das habilidades internas de interpretar e influenciar a estratégia, mas, também, precisam "olhar para fora", ou seja, o ambiente externo a empresa (consumidores, fornecedores e concorrentes) (Slack, 2002; Slack & Lewis, 2011). Assim esse capítulo tem o objetivo de trazer conceitos fundamentais para auxiliar os gestores nessa importante missão.

O que vamos ver neste capítulo:

- Objetivos de desempenho: dimensões, importância e análise do conflito entre eles.
- Estratégia da produção: conceitos, prioridade competitiva, formulação e implementação.

2.1 Objetivos de desempenho

Slack (2002), Slack, Brandon-Jones & Johnston (2015) e Slack & Lewis (2011) trazem como objetivos de desempenho cinco dimensões:

- **Qualidade:** significa "fazer as coisas corretas";
- **Velocidade:** significa "fazer as coisas com rapidez";
- **Confiança/Credibilidade:** significa "fazer as coisas com pontualidade";
- **Flexibilidade:** significa "mudar o que faz";
- **Custo:** significa "fazer as coisas mais baratas".

Aqui estamos chamando de dimensão de desempenho, pois cada uma pode ser desagregada em vários fatores, como, por exemplo, a qualidade que pode se referir a estética, durabilidade, funcionalidade etc. O Quadro 1 sumariza os significados de cada dimensão para o ambiente interno e externo da empresa.

Quadro 1: Objetivos de desempenho: significado interno e externo.

Dimensão	Internamente	Externamente
Qualidade	As operações de qualidade, ou seja, com menos erros, menos falhas, menor retrabalho e desperdícios, consequentemente reduzem custos, aumentam o lucro e a confiabilidade.	É um aspecto importante da satisfação ou da insatisfação do cliente. Aumenta a confiança do cliente.
Velocidade	Reduz estoques ao diminuir o tempo de atravessamento interno e reduz riscos ao retardar o comprometimento de recursos. Velocidade também permite se adequar mais rapidamente às mudanças de demanda.	A resposta rápida aos consumidores externos é auxiliada pela rapidez da tomada de decisão, movimentação de materiais e das informações internas da operação.
Confiança/ Credibilidade	Se tudo em uma operação for perfeitamente confiável, e assim permanecer por algum tempo, haverá um nível de confiança entre as diferentes partes da operação. Com isso, menos estoques de segurança e controle de qualidade serão necessários.	Confiabilidade é um aspecto importante do serviço ao cliente, o mais difícil de conquistar e o mais rápido de se perder.

Flexibilidade	Um processo flexível é aquele que tem a capacidade de mudar (se adaptar) o que está fazendo com agilidade, quando for demandado.	Flexibilidade de produto/serviço – habilidade de introduzir novos produtos ou serviços. Flexibilidade de Composto (mix) – variedade e composto de produtos e serviços. Flexibilidade de produção – produzir diferentes quantidades ou volumes de produtos e serviços. Flexibilidade de Entrega – habilidade de mudar a programação de entrega do bem ou do serviço.
Custo	O desempenho em custo é ajudado pelo bom andamento em outros objetivos de atuação.	Custos baixos permitem às organizações reduzir o preço para obter maiores volumes ou, alternativamente, aumentar sua rentabilidade sobre os níveis de volume existentes.

Fonte: adaptado de Slack, 2002; Slack, Brandon-Jones & Johnston, 2015.

Ao logo dos anos outros objetivos de desempenho são relatados, especialmente no que tange a responsabilidade social e ambiental, bem como a valorização da marca. Neste livro entendemos que aspectos sociais e ambientais requerem processos, como tal podem ser inseridos dentro das cinco dimensões relatadas, direcionado para o conceito de sustentabilidade. Quanto a valorização da marca, entendemos como uma estratégia empresarial e não da produção. Sendo assim, a função produção deve dar suporte para isso, por meio das cinco dimensões relatadas.

Embora os cinco objetivos (dimensões) de desempenho sejam importantes, cada empresa irá priorizar dois ou três deles em suas estratégias. Como exemplo, Slack, Brandon-Jones & Johnston (2015) compararam o serviço de ônibus ao serviço de táxi (Figura 2). Ambos são trabalhos destinados ao processo de transformação de mudança de localização do consumidor. Contudo, o serviço de ônibus se propõe a ser uma tarefa mais barata, de modo a atender a grande parcela da população. Para conseguir isso, a função perde em flexibilidade, estando disponíveis apenas em pontos (locais) delimitados, e velocidade, pois precisa seguir uma rota determinada. Porém ganha em custo, devido ao volume (quantidade) de pessoas atendidas ao mesmo tempo.

Já o táxi surge para cobrir lacunas deixadas pelo serviço de ônibus, aumentando a flexibilidade de localização, com maior qualidade e velocidade, mas um maior custo ao consumidor. Assim os clientes tomam a decisão por um ou outro serviço, a depender do seu poder aquisitivo e/ou situação vivenciada.

Figura 2: Objetivos de desempenho: serviço de ônibus *versus* serviço de táxi.

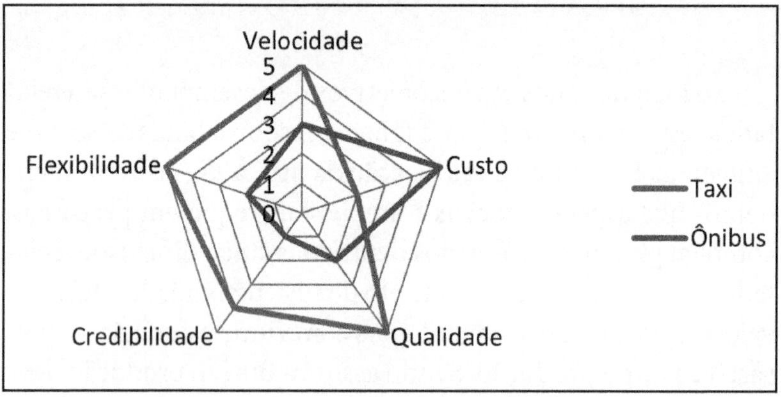

Fonte: adaptado de Slack, Brandon-Jones & Johnston, 2015.

Esse tipo de análise pode ser feita com todo o portfólio da empresa e para diferentes grupos de clientes, oferecendo o desempenho que o consumidor está disposto a pagar. Contudo, sem esquecer de observar o que o concorrente está oferecendo (vide matriz de Matriz importância *versus* desempenho).

2.1.1 Análise do conflito entre objetivos de desempenho

A teoria do *trade-offs* diz que melhorias em um objetivo de desempenho podem ser obtidas ao sacrificar o desempenho de outros objetivos. Pode ser traduzida como "perde e ganha", pois ocorre quando se renuncia a algum aspecto para se obter um ganho em outro e, assim, define uma situação em que há conflito de escolha. Semelhante ao que foi discutido na Figura 2. Contudo os *trade-offs* não são de natureza estática, mas dinâmica. Assim, as relações de *trade-offs* podem ser alteradas de diversas maneiras. Para isso, um modelo de análise interessante é o da "gangorra", que pode ser visto na Figura 3 (Corrêa & Corrêa, 2022; Slack & Lewis, 2011).

Figura 3: Modelo da gangorra.

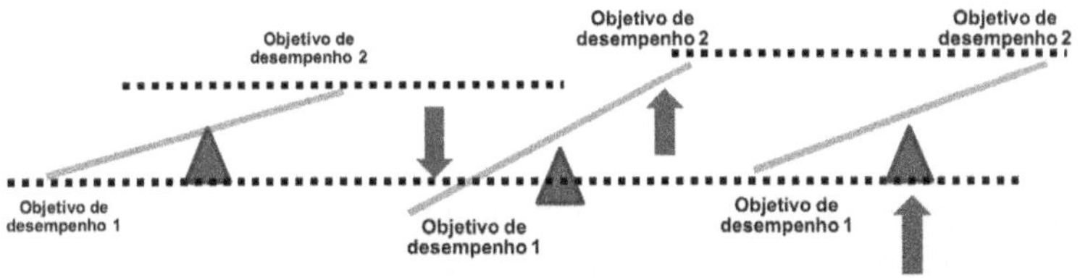

Fonte: adaptado de Corrêa & Corrêa, 2022.

A mudança da Figura 3 (a) para (b) mostra que, no curto prazo, a melhoria do objetivo de desempenho 2 causa a priora no objetivo de desempenho 1. Como exemplo, na gestão de estoque, a eficiência em custo está associada abaixo do estoque. Porém para melhorar o nível de serviço (qualidade = objetivo de desempenho 2) é preciso aumentar o nível de estoque, consequentemente piorando em custo (objetivo de desempenho 1). Contudo, no médio e longo prazo, verificam-se oportunidades de melhoria no objetivo de desempenho 1, sem alterar o objetivo de desempenho 2, porém o "pivô" desta gangorra se altera (Figura 3 c). No nosso exemplo, ações como redução de *lead times* exigirá menores estoques (menor custo) sem afetar o nível de serviço. Porém estas melhorias não são possíveis em um curtíssimo prazo, por isso que muitos defendem o *trade-off*.

2.2 Estratégia da produção

No mercado atual, competitivo e instável, as exigências dos consumidores e o aumento da concorrência obrigam as empresas a se tornarem operacionalmente mais eficientes. Isto impulsiona as organizações a adotarem novas estratégias de produção, com foco na otimização dos processos operacionais (Sahoo, 2020). A formulação da estratégia é vista como um mecanismo de planejamento para fornecer suporte aos objetivos estratégicos (Alcaide-Muñoz, Bello-Pintado & de Cerio, 2018). Este cenário não se limita as grandes empresas. Pequenas e Médias Empresas (PMEs) também são impactadas com as exigências e mudanças no mercado e, para se manterem competitivas, precisam implementar novas estratégias para produzir a baixo custo, com alta qualidade, flexibilidade e velocidade (Sahoo, 2020).

Há basicamente três níveis de formulação de estratégias: coorporativo/empresarial, unidade de negócios e funcional. No nível empresarial precisa-se decidir em que setor ou negócio se deve operar. No nível de unidade de negócio, como se deve competir no setor ou negócio escolhido. Por fim, cada área funcional da empresa precisa adotar estratégias que ajude sua unidade de negócios a atingir a competitividade almejada (Chiavenato & Sapiro, 2016).

A estratégia de (função) produção diz respeito ao padrão de decisões e ações estratégicas que define o papel, os objetivos e as atividades de produção na direção de longo prazo de uma organização (Slack, Brandon-Jones & Johnston, 2015). Em outras palavras, a estratégia da produção pode ser definida como um plano de ajuste entre os dos fatores internos (recursos de produção) e externos (requisitos de mercado) da empresa (Mirzaei, Fredriksson & Winroth, 2016), como sumariza a Figura 4.

A tradução do que o mercado deseja (consumidores) e o que os concorrentes estão oferecendo em termos de objetivos de desempenho permitem que a função produção autoavalie seus recursos, processos e capacidade para atender ao mercado de maneira competitiva frente aos concorrentes. Além disso, o processo é dividido em duas etapas fundamentais: o planejamento/formulação e a implementação estratégica.

Figura 4: Recursos da produção *versus* Requisitos de mercado.

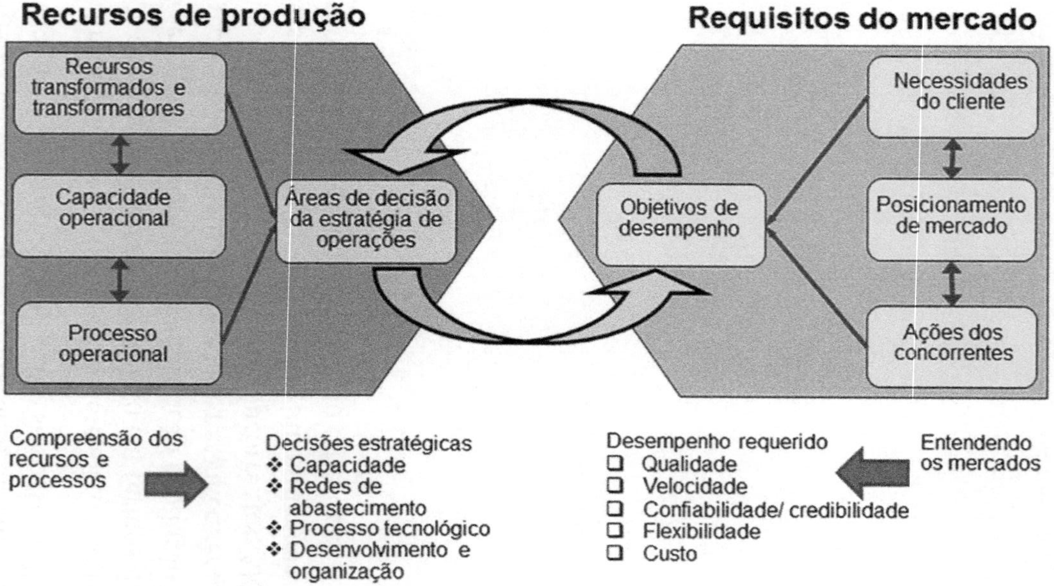

Fonte: adaptado de Slack & Lewis, 2011.

A formulação estratégica é definida como um mecanismo de coordenação que tem o objetivo de controlar e agrupar diferentes procedimentos dentro da empresa. Enquanto, a implementação da estratégia é definida como o conjunto de todas as atividades necessárias para que o planejamento estratégico seja executado (Alcaide-Muñoz, Bello-Pintado & de Cerio, 2018). A formulação da estratégia pode ser formal ou informal, alguns autores defendem que menos formalidade faz com que a estrutura organizacional seja flexível (Kaur, Singh & Ahuja, 2013). Todavia, o planejamento formal da estratégia traz clareza nos objetivos que a organização busca, bem como reforça o conhecimento e facilita a comunicação (Marin-Garcia, Juarez-Tarraga & Santandreu-Mascarell, 2018).

2.2.1 Prioridades competitivas

São os consumidores que definem o que a manufatura deve priorizar. As necessidades e prioridades dos clientes raramente são estáticas. Mudam em função de transformações no comportamento dos fornecedores e, também, de alterações no desempenho dos concorrentes. O mesmo produto para diferentes segmentos de mercado pode apresentar diferentes necessidades. Se pensarmos em comida pronta, o Quadro 2 resume as principais diferenças entre um restaurante *fast-food* e um restaurante de luxo.

Quadro 2: Restaurante *fast-food versus* Restaurante de luxo.

Objetivos	Restaurante *Fast-Food*	Restaurante de luxo
Qualidade	Produtos padronizados, onde o cliente, em qualquer lugar do mundo, sabe exatamente como é a qualidade dos produtos e serviços oferecidos.	Ambiente aconchegante, atendimento personalizado.
Rapidez	O tempo entre a solicitação e a entrega é mínimo.	Existe um "ritual" de atendimento, em que a rapidez não é o fator mais importante. A maneira como é atendido, como é feita a escolha da bebida etc. são fatores mais relevantes.
Credibilidade	Os consumidores sabem que contam com uma rede que atende rapidamente, além de produtos padronizados. A segurança de saber o que é consumido em qualquer lugar que o cliente esteja.	Entrega de acordo com o pedido; atendimento de acordo com o esperado pelo local e preços cobrados.
Flexibilidade	Baixa ou nula flexibilidade, já que os produtos são padronizados. As alterações e lançamentos são estudados pela rede de *fast-food* e não podem partir de qualquer representante para atender a algum cliente.	Ampla variedade de opções disponíveis; habilidade de customizar o pedido.
Custo	Custos minimizados pela grande escala de produção e padronização.	Custos altos devido a grande variedade de ingredientes sofisticados e bebidas caras que devem ter para atender, não existindo um padrão de consumo determinado.

Fonte: Adaptado de Slack, Brandon-Jones & Johnston, 2015.

Embora o desempenho da operação seja avaliado pelo consumidor, isso é feito de forma comparativa com o desempenho dos concorrentes. Assim, mesmo sem qualquer mudança direta nas preferências de seus consumidores, uma organização pode ter que mudar a forma como se compete e, portanto, modificar a prioridade dos objetivos de desempenho que espera de sua produção.

Manufatura deve buscar:

Consumidores → *satisfação*

Concorrentes → *superação*

A partir do momento que se entende que é preciso priorizar alguns objetivos (critérios) de desempenho, de acordo com a análise do ambiente externo, também é necessário compreender como classificar esses critérios. Como mencionado antes, as cinco dimensões (qualidade, flexibilidade, confiabilidade, velocidade e custo) podem ser desagregadas em vários critérios (ou fatores) que são observados pelos consumidores. Assim surgiu a classificação de critérios qualificadores, ganhadores de pedido e menos importantes, como resumido na Figura 5.

Figura 5: Critério qualificador, ganhador de pedidos e menos importantes.

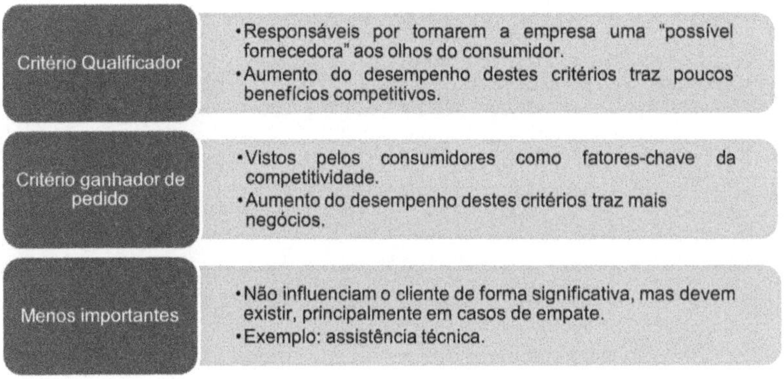

Fonte: adaptado de Slack, Brandon-Jones & Johnston, 2015.

Nesta lógica, o cliente só irá considerar como possível fornecedor aqueles que atenderem ao critério qualificador. Aqui não é relevante quem é mais qualificado, apenas se atende ou não. Para a escolha final, o cliente irá observar os critérios ganhadores de pedido, onde aquela que apresentar melhor desempenho ganha. O melhor exemplo deste tipo de raciocínio é o edital público de licitação, onde há uma lista de requisitos mínimos para que uma empresa esteja "qualificada" a concorrer àquele edital. Ganha (o pedido) aquela que apresentar o menor custo. Obviamente que no mercado consumidor estas análises são mais complexas e não seguem regras tão claras, mas o comportamento se assemelha.

Os gestores da produção devem traduzir as necessidades dos clientes em objetivos de desempenho da produção.

Para analisar esses critérios, Slack (2002), Slack, Brandon-Jones & Johnston (2015) e Slack & Lewis (2011) propuseram a Matriz importância *versus* desempenho, como ilustrada na Figura 6.

Figura 6: Matriz importância *versus* desempenho.

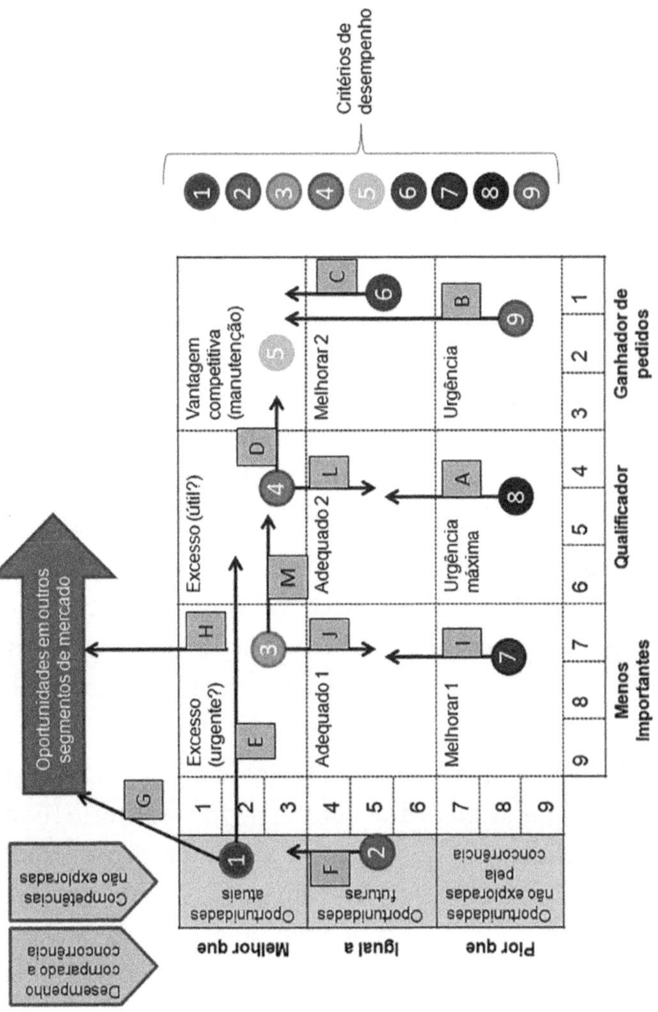

Fonte: Slack, Brandon-Jones & Johnston, 2015.

Dado um conjunto de critérios de desempenho, a empresa deve investigar a importância que cada um deles tem para os seus clientes. Paralelamente, também deve levar em consideração como é o seu desempenho nestes mesmos critérios quando comparada a seus concorrentes. É possível fazer isso utilizando uma escala Likert de 9 pontos, em que 1 é considerado como a maior e 9 como a menor importância/desempenho. Com isso, cada critério será representado por um par ordenado que seja plotado na matriz da Figura 6. Segue-se, então, para a análise dos quadrantes (Slack, 2002; Slack & Lewis, 2011):

- **Vantagem competitiva (manutenção):** critérios de desempenho (ponto 5) nesta região representam as fontes da vantagem competitiva atuais da operação, porque é considerado "ganhador de pedidos" pelos clientes e o desempenho operacional da unidade analisada é "melhor que" a concorrência. O objetivo aqui é permanecer nesta posição.
- **Urgência:** nesta região devem ser colocados esforços com prioridade alta, pois o critério (ponto 9) é considerado "ganhador de pedidos" e o desempenho operacional é "pior que" a concorrência. Para isso, estratégias que levem à trajetória **B** são recomendáveis.
- **Urgência máxima:** nesta região, a operação não está sequer qualificada para concorrer, pois o critério (ponto 8) é considerado "qualificador" e o desempenho operacional é "pior que" a concorrência. Melhorar este critério é mais importante do que melhorar o critério 9. Para isso, estratégias que levem à trajetória **A** são recomendáveis.
- **Excesso (urgente?):** o critério (ponto 3) é considerado "menos importante" e o desempenho operacional é "melhor que" a concorrência. Aqui, estrategicamente há três trajetórias possíveis:

i. **J** - Se os recursos utilizados puderem ser deslocados para a melhoria de outro critério: "reduzir deliberadamente o nível de desempenho neste critério".

ii. **M** - Alterar o grau de importância dado pelo mercado: investir em marketing.

iii. **H** - Usar quando as anteriores não forem adequadas: buscar outro segmento de mercado que possa qualificar este critério.

- **Excesso (útil?):** nesta região, o critério (ponto 4) é considerado "qualificador" e o desempenho operacional é "melhor que" a concorrência. Estrategicamente há duas trajetórias possíveis:

  i. **D** - Colocar recursos via comunicação, de modo a transformá-lo em ganhador de pedidos.

  ii. **L** - Reduzir o nível de desempenho para uma região mais adequada para um qualificador.

- **Melhorar 1:** nesta região, o critério (ponto 7) é considerado "menos importante" e o desempenho operacional é "pior que" a concorrência. Para isso, estratégias que levem a trajetória **I** são recomendáveis, mas com prioridade baixa.
- **Melhorar 2:** nesta região, o critério (ponto 6) é considerado "ganhador de pedidos" e o desempenho operacional é "igual" à concorrência. Aqui a trajetória **C** é recomendável, com maior prioridade que a trajetória **I.**

- **Adequado 1 e Adequado 2:** aqui é recomendado manter.
- **Oportunidades atuais:** (ponto 1) uma característica de desempenho identificada como resultado de uma competência importante da operação (com desempenho maior que a concorrência) não está sendo sequer cogitada pelos mercados visados. Estrategicamente há duas trajetórias possíveis:

    i. E – Convencer o mercado via comunicação, de que aquela característica pode ser um qualificador ou ganhador de pedido.

    ii. G – Investigar se há outro par (produto-mercado) que valorize mais esta característica.

- **Oportunidades futuras:** O ponto 2 não é cogitado pelo mercado atual e, também, não está com desempenho superior à concorrência. Sugere-se, neste contexto, investir em melhorias para que no futuro o desempenho pudesse ser como o do ponto 1 (trajetória **F**).

2.2.2 Implementação das estratégias e comunicação shop-floor

Para que a implementação das estratégias de produção seja exitosa é necessário o engajamento de todos os colaboradores da empresa, desde o *Chief Executive Officer* (CEO) até os operadores do chão de fábrica (*shop-floor*) (Burawat, 2019; Graisa & Al-Habaibeh, 2011; Kaur, Singh & Ahuja, 2013; Sahoo, 2020). Todavia, é necessário esforços na comunicação para facilitar a discussão entre os níveis de colaboradores e, assim, as prioridades sejam alinhadas à estratégia de produção, para que as tomadas de decisão sejam unificadas e coordenadas. Ademais, muitos estudos analisaram o planejamento ou a implementação da estratégia separadamente, entretanto o alinhamento entre as duas etapas é importante (Kathuria *et al.*, 2010).

Além disso, é fundamental estabelecer uma ligação eficaz entre a educação dos colaboradores com o planejamento estratégico, pois é necessário que ele tenha uma implementação viável em diferentes níveis da fábrica (Graisa & Al-Habaibeh, 2011). De acordo com Bevilacqua *et al.* (2017), a falta de comunicação é um obstáculo para implementação de mudanças, como se propõe em um planejamento estratégico.

A comunicação é o processo pelo qual os integrantes de uma organização criam e compartilham informações para alcançar um entendimento comum (Alcaide-Muñoz, Bello-Pintado & de Cerio, 2018). Portanto, a comunicação é um mecanismo essencial para o compartilhamento de informação em todos os níveis hierárquicos da organização (Kumar; Sharma, 2017), como também, é através dela que as barreiras entre o chão de fábrica e a supervisão são removidas (Marin-Garcia, Juarez-Tarraga & Santandreu-Mascarell, 2018).

A comunicação é necessária para conectar funcionários e permitir que as organizações funcionem, assim como também é considerada um elemento essencial para implementação de mudanças (Boon *et al.*, 2007). Os mecanismos de comunicação fazem com que os colaboradores fiquem envolvidos e participativos na geração de ideias (Cox & Zagelmeyer, 2006). Os principais mecanismos de comunicação no chão de fábrica (*shop-floor*) identificados na literatura são (Alcaide-Muñoz, Bello-Pintado & de Cerio, 2018; Marin-Garcia, Juarez-Tarraga & Santandreu-Mascarell, 2018):

- *Small-GPS* – definida como um grupo de especialistas qualificados ou uma equipe de colaboradores, cuja principal tarefa é resolver problemas onde eles ocorrem, ao invés de serem referidos para cima na hierarquia da organização.
- Interação com a supervisão (SIF) – definido como as atividades promovidas pelo supervisor, a fim de fazer o fluxo fácil de trabalho, apoiar os trabalhadores em suas tarefas, ajudá-los a compreender os objetivos comuns da organização e missão e, por sua vez, criar uma atmosfera de trabalho positiva, ou seja, a liderança dos supervisores.
- Comunicação instrutiva (ICM) – refere-se a qualquer atividade de aprendizagem ou treinamento dado aos colaboradores, com o intuito de melhorar suas atividades e, consequentemente, melhorar o desempenho das operações.
- *Feedback* – ferramenta importante para a atualização e reajuste dos processos, pois através dele os colaboradores não se sentem ignorados, facilitando assim o envolvimento de todos.
- Reuniões Regulares – encontros regulares entre os funcionários para que eles exponham seus pontos de vista e compartilhem conhecimento para resolução de problemas ou criação de novas ideias.

Resumidamente, a ênfase na comunicação com os trabalhadores no chão de fábrica, ou seja, a existência de um fluxo de informação eficiente entre esses colaboradores e a gerência pode facilitar a implementação das estratégias da produção.

2.3 Questões para discussão

1. Quais são os objetivos de desempenho relatados? Explique-os.
2. Explique a afirmação: "Cada empresa irá priorizar dois ou três objetivos de desempenho".
3. O que é estratégia da produção?
4. Explique os critérios (prioridades competitivas) que levam ao consumidor a escolher determinado produto.
5. Por que a comunicação *floor-shop* é importante na implementação de estratégias na produção?

REFERÊNCIAS

ALCAIDE-MUÑOZ, Cristina; BELLO-PINTADO, Alejandro; DE CERIO, Javier Merino-Diaz. *Manufacturing strategy process*: the role of shop-floor communication. Management Decision, [s. *l.*], v. 56, nº 7, p. 1581–1597, 2018.

BOON, Ooi Keng *et al. HRM and TQM*: Association with job involvement. Personnel Review, [s. *l.*], v. 36, nº 6, p. 939–962, 2007.

BURAWAT, Piyachat. *The relationships among transformational leadership, sustainable leadership, lean manufacturing, and sustainability performance in Thai SMEs manufacturing industry.* International Journal of Quality and Reliability Management, [s. *l.*], v. 36, nº 6, p. 1014–1036, 2019.

CHIAVENATO, I.; SAPIRO, A. *Planejamento Estratégico*: Fundamentos e Aplicações da intenção aos resultados. 3. ed. Rio de Janeiro: Elsevier, 2016.

CORRÊA, Henrique L; CORRÊA, Carlos A. *Administração de produção e operações:* manufatura e serviços: uma abordagem estratégica. 4. ed. São Paulo: Atlas, 2022.

COX, Annette; ZAGELMEYER, Stefan. *Embedding employee involvement and participation at workHuman Resource Management Journal*. [*S. l.*: *s. n.*], 2006.

GRAISA, Mustafa; AL-HABAIBEH, Amin. *An investigation into current production challenges facing the Libyan cement industry and the need for innovative total productive maintenance (TPM) strategy*. Journal of Manufacturing Technology Management, [*s. l.*], v. 22, nº 4, p. 541–558, 2011.

KAUR, Mandeep; SINGH, Kanwarpreet; AHUJA, Inderpreet Singh. *An evaluation of the synergic implementation of TQM and TPM paradigms on business performance*. International Journal of Productivity and Performance Management, [*s. l.*], v. 62, nº 1, p. 66–84, 2013.

KUMAR, Vimal; SHARMA, R. R.K. *An empirical investigation of critical success factors influencing the successful TQM implementation for firms with different strategic orientation*. International Journal of Quality and Reliability Management, [*s. l.*], v. 34, nº 9, p. 1530–1550, 2017.

MARIN-GARCIA, Juan A.; JUAREZ-TARRAGA, Amable; SANTANDREU-MASCARELL, Cristina. *Kaizen philosophy*: The keys of the permanent suggestion systems analyzed from the workers' perspective. TQM Journal, [*s. l.*], v. 30, nº 4, p. 296–320, 2018.

MIRZAEI, Nina Edh; FREDRIKSSON, Anna; WINROTH, Mats. *Strategic consensus on manufacturing strategy content*: Including the operators' perceptions. International Journal of Operations and Production Management, [*s. l.*], v. 36, nº 4, p. 429–466, 2016.

SAHOO, Saumyaranjan. *Assessing lean implementation and benefits within Indian automotive component manufacturing SMEs*. Benchmarking, [*s. l.*], v. 27, nº 3, p. 1042–1084, 2020.

SLACK, N.; BRANDON-JONES, A.; JOHNSTON, R. *Administração da Produção*. 4. ed. Atlas, 2015.

SLACK, Nigel. *Vantagem Competitiva em Manufatura*. 2. ed. São Paulo: Atlas, 2002.

SLACK, Nigel; LEWIS, Michael. *Operations strategy*. 3rd ed. Pearson, 2011.

3. SISTEMAS DE PRODUÇÃO E OPERAÇÕES

Os sistemas de produção e operações também são chamados de tipos de processos. O objetivo principal da escolha por um sistema é assegurar que o desempenho do processo seja apropriado ao que se esteja tentando alcançar. Por exemplo, se uma operação compete principalmente em sua habilidade de responder rapidamente às solicitações dos clientes, seus processos precisam ser projetados para oferecer tempos curtos de produção. Mas se uma operação compete com base em preço baixo, os objetivos relacionados ao custo, provavelmente, dominarão seu projeto de processo.

Outro ponto importante, especialmente em grandes organizações, diz respeito à extensão pela qual o processo deve ser padronizado. Quando falamos em padronização queremos dizer "fazer as coisas do mesmo modo" ou, mais formalmente, "adotando uma sequência comum de atividades, métodos e uso de equipamentos".

Após a escolha do tipo de processo, suas atividades individuais precisam ser configuradas. Projetar é conceber a aparência, o arranjo e a estrutura de algo antes de ser criado. Em sua versão mais simples, o projeto detalhado de um processo envolve identificar todas as atividades individuais que são necessárias para atender aos objetivos do processo, decidir a sequência na qual serão executadas e quem vai executá-las. O projeto de processo é, frequentemente, executado por meio de alguma abordagem visual simples, como o mapeamento do processo (Slack, Brandon-Jones & Johnston, 2015).

O que vamos ver neste capítulo:

- Características dos sistemas;
- Classificação dos sistemas;
- Mapeamento do processo.

3.1 Características dos sistemas

Há quatro medidas principais para distinguir diferentes sistemas de produção e operações (Slack; Brandon-Jones; Johnston, 2015): Volume, Variedade, Variação e Visibilidade, como exemplificado no Quadro 3.

Quadro 3: Exemplos de processos classificados pelos 4 V's.

	Fabricação de bolo em série Restaurante *fast food* Serviço de ônibus Inglês *online*	Bolos por encomenda Restaurante bistrô Serviço de táxi Inglês aulas particulares
Volume	Alto	Baixo
Variedade	Baixa	Alta
Variação	Baixa	Alta
Visibilidade	Baixa	Alta

Fonte: Adaptado de Slack, Brandon-Jones & Johnston, 2015.

A medida de **Volume** está associada à quantidade de produtos (bens ou serviços), ou seja, os *outputs*. Nesta medida assume-se que grandes volumes de produção estão relacionados ao alto grau de repetição de tarefas, que leva a elevada especialização (cada funcionário/máquina realiza uma tarefa bem específica), permitindo a sistematização e padronização das tarefas e aumento da produtividade. Consequentemente oferece custos unitários mais baixos quando comparado a processos de baixos volumes. Processos caracterizados por altos volumes se definem, especialmente, por ganhos de escala, enquanto processos de baixos volumes, por ganhos em diferenciação.

A medida de **Variedade** dos *outputs* está relacionada **à** flexibilidade de mudar o que se faz, no sentido de introdução de novos produtos e/ou ampliação da mistura de mercadorias. O objetivo de processos com alta variedade é atender as necessidades dos consumidores. Existe uma tendência, na maioria dos processos, de que quanto maior for essa flexibilidade, menor será a padronização das tarefas, consequentemente, menor será o volume de produção. Assim o custo unitário tende a ser maior. Aqui a agregação de valor está associada à oferta de diferenciação, como a customização e/ou personalização.

Embora a relação entre as medidas de volume e variedade sejam conflitantes, ou seja, quando o processo é configurado para produzir em alto volume ele oferecerá baixa variedade e *vice-versa*, devemos ressaltar que novas tecnologias e métodos de trabalho têm mudado esse cenário, proporcionando um melhor desempenho em ambas as medidas, como, por exemplo, metodologias de trocas rápidas de ferramentas, utilização de pré-moldados na construção civil, impressora 3D etc.

A medida de **Variação** da demanda está associada às oscilações ou sazonalidades do serviço. Existem produtos que apresentam maior variação que outros, embora dependa muito da empresa em questão e não apenas do tipo de produto. Aqui o desejo é verificar o nível de flexibilidade em termos de produção (volume) que a empresa precisar ter para lidar com essas flutuações relacionadas à demanda. A previsão de demanda, de produtos com alta variação, é mais difícil e está sujeita a um maior erro de previsão, enquanto os produtos com baixa variação apresentam maior estabilidade, permitindo uma programação da produção mais uniforme. Assim, essa informação tem impacto direto no planejamento de vendas e operações (PVO) que será estudado no capítulo 10.

Por fim, a medida de **Visibilidade** do processo verifica o nível de presença do consumidor na parte produtiva. Quanto maior for a visibilidade, maior tende a ser a influência ou exigência feita pelo consumidor sobre o produto ou processo. Isto impacta diretamente na sistematização do processo, diminuindo o volume de produção e acarretando um maior custo.

3.2 Classificação dos sistemas

Os sistemas de produção e operações podem ser classificados pelo: grau de influência do consumidor; padronização dos produtos; natureza do fluxo do produto; tipo de processo que sofrem os produtos.

3.2.1 Pelo grau de influência do consumidor ou padronização dos produtos

Uma forma de classificar os sistemas de produção é observando o grau de padronização das tarefas e a influência do consumidor (Venanzi, 2013; Moreira, 2011). De acordo com Guerrini (2019) nesta classificação há quatro possibilidades: *Make-to-stock, Assembly-to-order, Make-to-order* e *Engineer-to-order,* como mostra a Figura 7.

Figura 7: Classificação dos sistemas pelo grau de influência do consumidor.

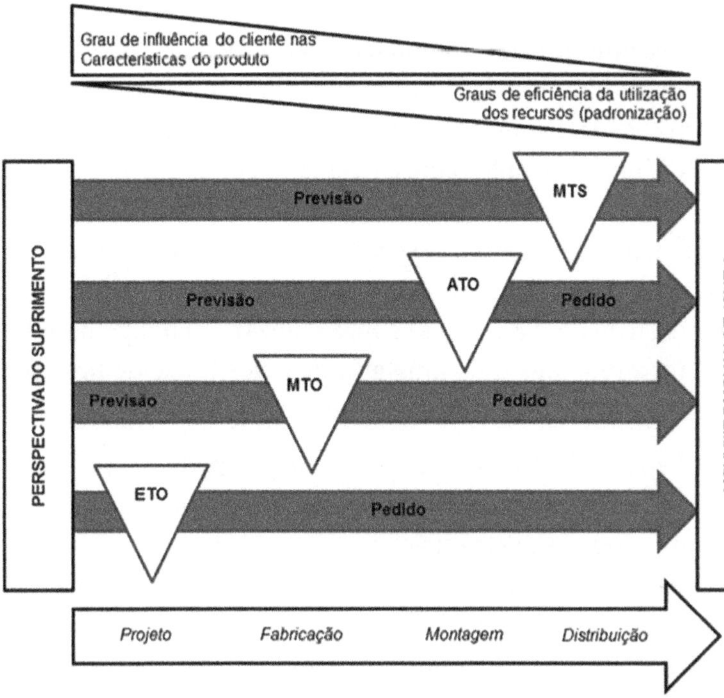

Fonte: adaptado de Guerrini, 2019.

Make-to-stock (MTS) ou fazer para estocar: O produto tem sua fabricação iniciada mediante uma previsão de demanda, sendo estocado até o pedido ser concretizado. Por isso, o volume de estoques pode significar um grande volume de capital investido. Contudo, possui a vantagem de oferecer um *lead-time* muito reduzido, sendo adequado para a gestão de produtos com demanda bastante previsível. Este tipo de sistema é beneficiado pelo alto grau de padronização.

Assembly-to-order (ATO) ou montagem por pedido: O produto tem a fabricação de seus principais componentes disparada mediante uma previsão de demanda, sendo estes componentes produzidos e armazenados antes da chegada do pedido. A chegada do pedido do cliente provoca o término da montagem do produto mediante a utilização dos componentes já produzidos. Isso permite oferecer uma alta variedade mesmo quando não seja possível prever, com certeza, quais características finais serão desejadas pelos clientes. Como exemplo temos a venda de computadores, onde é mais fácil prever a quantidade de máquinas que serão demandadas e não a configuração específica de cada um. Assim, nesta estratégia, se mantêm estoques apenas dos componentes de maior demanda, tornando a empresa apta a realizar, em tempo bastante reduzido, a montagem de uma grande diversidade de produtos finais, aumentando a variedade oferecida.

Make-to-order (MTO), ou produzir por pedido: A chegada de um pedido firme do cliente provoca o início da produção dos produtos desejados. Esta estratégia torna o *lead-time* do produto igual ao *lead-time* da linha mais demorada da fabricação do produto. Isso pode tornar o prazo de entrega estrategicamente indesejável, especialmente no mercado em que o fator velocidade de entrega é vital. Contudo, pode ser uma estratégia útil em processos com alta visibilidade do consumidor, permitindo alto nível de customização.

Engineer-to-order (ETO), ou projeto por pedido: O produto é especificado, projetado e fabricado mediante pedido. Este é o caso da maioria das empresas de construção civil, desenvolvimento de software específico ao cliente, entre outros.

3.2.2 Pelo tipo de processo e pela natureza do fluxo do produto

Moreira (2011) relatou uma classificação em três tipos de fluxos, sendo eles: Por tarefa, Fluxo intermitente e Fluxo em linha, conforme resume a Figura 8. Enquanto Slack, Brandon-Jones &

Johnston (2015) preferiram classificar por tipos de operações que sofrem os produtos em: Processos contínuos e Processos discretos (projeto, *jobbing*, lote, massa). Aqui vamos definir os cinco processos delimitados por Slack, Brandon-Jones & Johnston (2015) agregando a classificação de Moreira (2011), conforme resume a Figura 9.

Figura 8: Classificação dos sistemas pela natureza do fluxo do produto.

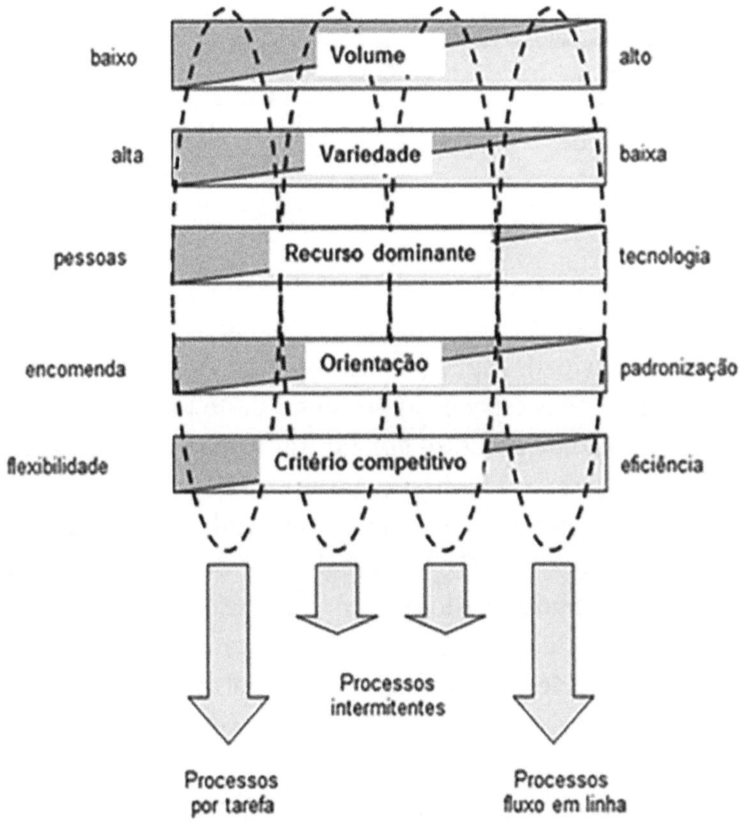

Fonte: adaptado Moreira, 2011.

Figura 9: Tipo de processo *versus* natureza do fluxo do produto.

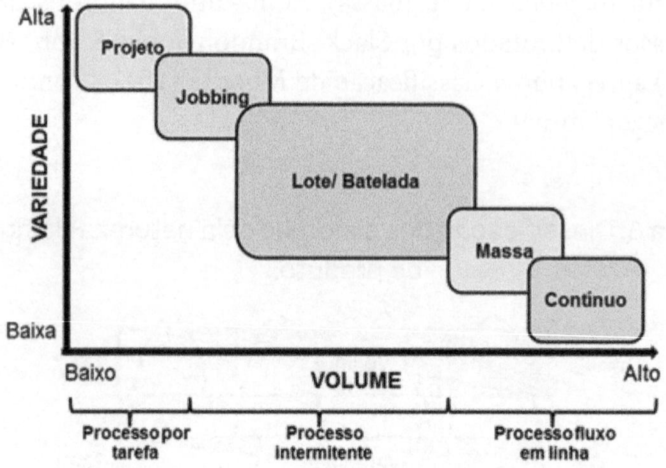

Fonte: adaptado de Slack, Brandon-Jones & Johnston, 2015; Moreira, 2011.

Desta forma, **Processos de Projeto** são aqueles que envolvem produtos discretos, tendo como finalidade o atendimento de uma necessidade específica dos clientes. Apresenta uma sequência de tarefas específicas ao longo deste tempo, entrando na classificação de ***processo por tarefa***. A maior parte dos trabalhos tende a ser única, ou seja, há um baixo grau de repetição. Por isso, tendem a ser bastante customizadas (normalmente, *engineer-to-order – ETO)*. Em geral são processos complexos, levando um longo período de tempo para serem feitos. Assim se caracterizam por processos que apresentam capacidade de oferecer alta variedade, implicando em baixo volume. Alguns exemplos deste tipo de sistema são: projeto de *software*, produção de filme, construção de navios, construção civil, prestação de serviços como agências de publicidade, arquitetura, dentista etc.

Processos por Jobbing podem ser entendidos como uma subcategoria de projetos, pois apresentam características muito parecidas, embora com menor complexidade. A diferença principal é que enquanto em processos de projeto cada produto tem recursos dedicados mais ou menos exclusivamente a ele, em processos por *jobbing* cada produto deve compartilhar os recursos de operação com muitos outros. Além disso, geralmente produzem produtos fisicamente menores e os processos frequentemente envolvem circunstâncias menos imprevisíveis. Assim também são processos discretos com baixo volume e alta variedade, normalmente, feitos por encomenda (*make-to-order* - MTO). Dependendo no nível de repetição das tarefas pode ser classificado como ***processo por tarefa*** (produção de único produto) ou ***processo intermitente*** (produção de pequeno lote). Exemplos neste tipo de processo destacam-se os serviços de técnicos especializados (restauradores de móveis, alfaiates).

Processos de Lotes ou Bateladas são processos de ***fluxo intermitente*** e produtos discretos em escala razoável, onde cada parte da produção/operação se repete enquanto o lote está sendo processado. Em outras palavras, ao término da fabricação do lote de um produto, outros tomam o seu lugar nas instalações, ou seja, há extenso compartilhamento de recursos. Muito usado em processos por encomenda (*assembly-to-order* - ATO ou *make-to-order* - MTO), onde a demanda dos produtos é instável ou sazonal. Alguns exemplos neste processo são: confecção de roupas de acordo com a estação do ano, manufatura de peças/componentes de computadores, salas de cinema por filme etc.

Processos de Produção em massa são processos discretos em grande escala (volume), altos níveis de padronização (baixa variedade), estrutura produtiva altamente especializada e pouco flexível, e ***fluxo em linha*** (sequência linear clara de acordo com as etapas do produto). A demanda dos produtos é estável e constante, prevalecendo uma produção para estoque (*make-to--stock* – MTS), mas podendo ser também a etapa de montagem em processos *assembly-to-order* (ATO). São exemplos deste tipo de processo: montadoras de automóveis, frigoríficos, campanha de vacinação em massa etc.

> ***Atenção:*** *Não confundir a organização da produção por lotes com o tipo de produção em lotes.*
>
> *Em processo de produção em massa é muito comum estabelecer lotes de produção associados à origem da matéria-prima, ou ao turno de trabalho etc. Isso tem como objetivo principal facilitar a identificação dos produtos em casos, por exemplo, de problemas de qualidade.*
>
> *A produção em lotes está associada à mudança total da mercadoria, onde não é possível produzir o produto A enquanto B estiver sendo executado.*

Processos Contínuos apresentam grande volume e baixíssima variedade. ***Fluxo em linha*** que operam por períodos e tempos mais longos, normalmente 24 horas. Muitas vezes estão associados a tecnologias relativamente inflexíveis, de capital intensivo e com fluxo altamente previsível. A automatização é favorecida pelo elevado grau de padronização e volume de produção. Contínuo no sentido de produtos com partes inseparáveis (ex líquido) e produzidos com fluxo ininterrupto, ou pelo fato da operação ter que suprir os produtos sem uma parada. Exemplos: refinarias de petróleo, siderúrgicas e algumas fábricas de papel.

3.3 Mapeamento de processo

Um processo é uma série de atividades logicamente inter-relacionadas, através da qual uma organização transforma insumos (*inputs*) em resultados (*outputs*), que visam atender as necessidades e expectativas dos clientes, como representado na Figura 10.

Figura 10: Representação de processo.

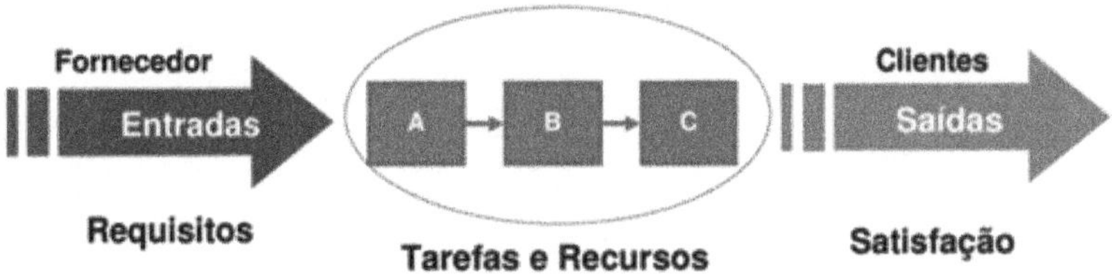

Fonte: a autora (2024).

Logo, o mapeamento de processo envolve descrever os processos em termos de como as atividades relacionam-se entre si. Há muitas técnicas que podem ser usadas para mapeamento do processo, dentre as quais se destacam os Fluxogramas (*flowchart*). Entretanto, todas as técnicas identificam os tipos diferentes de atividades que ocorrem durante o processo e mostram o fluxo de materiais, pessoas ou informações que o percorrem. Os símbolos mais encontrados para desenhar um fluxograma são apresentados no Quadro 4.

Quadro 4: Símbolos em fluxogramas.

Símbolos derivados da administração científica		Símbolos derivados de processos de negócios	
	Indica operação – uma atividade que diretamente agrega valor.		Indica o início ou fim do processo.
	Indica uma inspeção no processo.		Indica cada atividade que precisa ser executada.
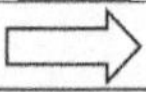	Indica transporte (movimentação).		Indica um ponto de tomada de decisão.
	Indica uma espera/atraso.	→	Indica a direção de fluxo.
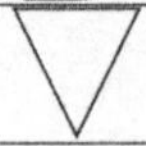	Indica ponto de estocagem.		Indica os documentos utilizados no processo.
			Indica uma espera.
			Indica que o fluxograma continua a partir desse ponto em outro círculo, com mesmo número ou letra.

Fonte: a autora (2024).

Para exemplificar o uso dos símbolos apresentados no Quadro 4 imagine a atividade de "imprimir". A Figura 11 traz uma possível solução para um fluxograma derivado da administração científica, enquanto a Figura 12 para um fluxograma derivado de processos de negócios.

Figura 11: Mapeamento do processo de colocar papel na impressora.

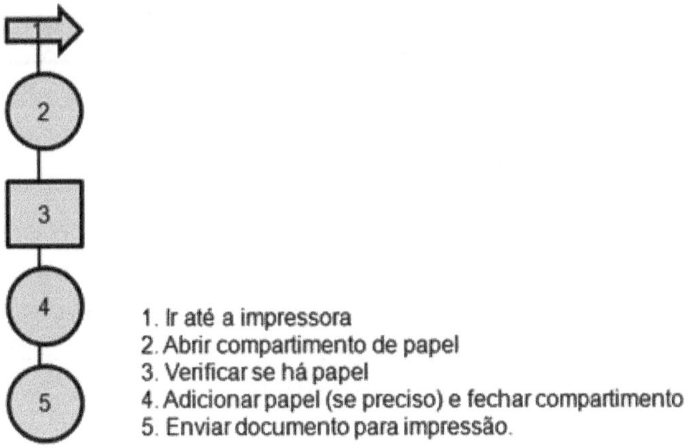

Fonte: a autora (2024).

Figura 12: Mapeamento do processo de fazer café coado.

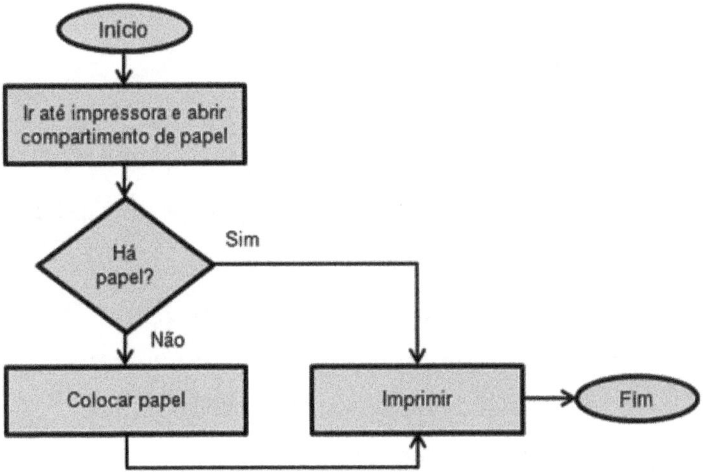

Fonte: a autora (2024).

É importante ressaltar que não existe resposta certa, existe o processo que está sendo executado naquela unidade produtiva. A escolha por uma ou outra linguagem dos fluxogramas vai depender do nível de detalhamento desejado e do grau de tomada de decisão. Normalmente, para descrever processos de produção de bens, em linhas de produção, utilizam-se os símbolos derivados da administração científica (nível operacional). Quando se define processos de planejamento (nível tático) um número grande de decisões pode surgir, preferindo-se a simbologia derivada de processos de negócios. A partir do mapeamento do processo é possível verificar atividades redundantes ou desnecessárias, além de outras oportunidades de melhoria nos processos.

> *O impacto de um* **mapeamento do processo** *bem executado é tão grande quanto à complexidade do processo mapeado.*

3.4 Questões para discussão

1. Como os 4 V's afetam o projeto de um sistema produtivo?
2. Como você classificaria o sistema de produção de:
   a. Festa de casamento.
   b. Restauração de uma pintura antiga.
   c. Produção de componentes de computação.
   d. Produção de refrigerante em larga escala.
   e. Produção de biodiesel.

3. Como seria o mapeamento do processo de fazer um sanduíche quente?

REFERÊNCIAS

CORRÊA, Henrique L; CORRÊA, Carlos A. *Administração de produção e operações: manufatura e serviços:* uma abordagem estratégica. 4. ed. São Paulo: Atlas, 2022.

FONTANA, Marcele Elisa. *Operações de armazenagem: teoria e prática.* Recife: Pró-Reitoria de Extensão e Cultura da UFPE, Editora da UFPE, 2022.

GUERRINI, Fábio Müller. *Planejamento e controle da produção modelagem e implementação.* 2. ed. Rio de Janeiro: Elsevier, 2019.

MOREIRA, D. A. *Administração da Produção e Operações.* São Paulo: Cengage Learning, 2011.

SLACK, N.; BRANDON-JONES, A.; JOHNSTON, R. *Administração da Produção.* 4. ed. São Paulo: Atlas, 2015.

VENANZI, D. *Gerenciamento da produção e operações.* LTC, 2013.

4. PLANEJAMENTO DO ARRANJO FÍSICO DAS INSTALAÇÕES

Planejar o arranjo físico de uma instalação significa tomar decisões sobre a forma como serão dispostos nas instalações todas as máquinas, equipamentos e pessoal da produção, ou seja, os centros de trabalho. Um centro de produção é definido como a menor unidade, da organização, que agrega valor ao produto ou serviço e é composto por um ou mais postos de trabalho. Por sua vez, um posto de trabalho é um local físico ocupado ao menos por um operador.

O **planejamento de um arranjo físico** é recomendado a qualquer empresa (de grande a pequeno porte), dos mais variados setores de atuação (fábricas em gerais, escritório, lojas, supermercados, bancos etc.).

O que vamos ver neste capítulo:

- A importância do planejamento do arranjo físico das instalações;
- Etapas da decisão do arranjo físico;
- Tipos de arranjo físico;
- Ferramentas para análise do arranjo físico.

4.1 Importância do planejamento do arranjo físico

O objetivo principal do estudo sobre o arranjo físico das instalações é tornar mais fácil e suave o movimento do trabalho, quer esse movimento se refira ao fluxo de pessoas ou de materiais. As decisões sobre arranjo físico não estão restritas apenas a novas instalações. Problemas como ineficiência operacional, acidentes de trabalho, melhoria no atendimento, conduzem a revisões do arranjo físico atual. Slack, Brandon-Jones & Johnston (2015) destacaram como principais razões pelas quais as decisões de arranjo físico são importantes:

- Mudança de arranjo físico é frequentemente uma atividade difícil e de longa duração;
- O rearranjo físico de uma operação existente pode interromper seu funcionamento;
- Se o arranjo físico está errado, pode levar a padrões de fluxo longos ou confusos; estoque de materiais, filas de clientes; tempos de processamento longos (*lead times*); operações inflexíveis e fluxos imprevisíveis.

Resumidamente, devemos planejar o arranjo físico das instalações, porque a disposição dos centros de trabalho afeta a capacidade da instalação e a produtividade das operações. Uma mudança adequada no arranjo físico pode aumentar a produção, usando os mesmos recursos, simplesmente pela racionalização do fluxo de pessoas e/ou materiais. Consequentemente há uma redução dos custos operacionais.

4.2 Etapas da decisão do arranjo físico

Aqui vamos nos basear na visão de Slack, Brandon-Jones & Johnston (2015), que estabeleceram que a primeira etapa para um planejamento do arranjo físico é entender a relação entre volume e variedade de produção desejada. Essa definição está associada ao mercado consumidor que se deseja atender e, consequentemente, aos critérios de desempenho prioritários. Como visto no capítulo 3, essa relação nos guiará aos tipos de processos (sistema de produção).

Entendido o tipo de processo mais adequado ao produto/família da mercadoria que desejamos produzir, um ou dois arranjos físicos surgirão como opções. O arranjo físico é a manifestação física de um tipo de processo, por isso que esse procedimento, muitas vezes, é confundido com o arranjo físico. Contudo, a relação entre tipos de processo e tipos básicos de arranjo físico não é totalmente determinística. Nos casos em que mais de um processo é possível, a importância relativa dos objetivos de desempenho da operação pode influenciar na decisão. Em geral, quanto mais importante for o objetivo custo para a operação, mais provável será que ela adote um tipo de processo próximo ao extremo alto volume - baixa variedade.

4.3 Tipos de arranjo físico

Há três tipos básicos de arranjos físicos: posicional; por processo e por produto. Além desses, há outros, ditos híbridos, que procuram aliar características de dois ou mais arranjos básicos, tal como o arranjo físico celular. A descrição destes foi feita considerando os trabalhos de Slack, Brandon-Jones & Johnston (2015) e Moreira (2011).

4.3.1 Arranjo físico posicional

Este é o único tipo de arranjo físico em que os recursos em transformação (materiais e consumidores) não se movem, enquanto os recursos transformadores se movem ao redor deles, realizando os processos. Com essa característica esse arranjo físico proporciona alta flexibilidade e baixo volume de produção, idealmente usado na produção de itens complexos. Assim este arranjo é indicado para o Processo por projeto e algumas situações de Processo por *jobbing*. Alguns exemplos de processos que, normalmente, usam este tipo:

- Construção civil ou Construção naval – o produto é muito grande para ser movido;
- Cirurgia de coração – os pacientes estão em um estado muito delicado para serem movidos;
- Restaurante de alta classe – os clientes opõem-se a ir até aonde a comida é preparada;
- Artista plástico realizando a pintura de um quadro, especialmente quando for grande.

4.3.2 Arranjo físico por processo

Também chamado por Funcional, "*job shop*", ou por Função. Este arranjo físico é comum em muitas indústrias e, provavelmente, na maioria das atividades de prestação de serviços. Aqui, os centros de trabalho (recursos) são agrupados de acordo com a função/processo que realizam. Os recursos em transformação movem-se de um centro ao outro de acordo com a necessidade, ou seja, a sua sequência de produção/operação.

Esse tipo de arranjo físico proporciona um volume de produção maior do que o posicional, mas a gestão do fluxo dos recursos em transformação pode ser confusa, diminuindo o volume de produção quando comparado ao arranjo físico por produto. Assim este arranjo físico é indicado para o Processo por *jobbing* ou Processo por lote. Alguns exemplos de processos que, normalmente, usam este tipo: Confecção de roupas, Supermercado (área de limpeza, congelados etc.) e Marcenaria.

4.3.3 Arranjo físico por produto

Também chamado por Linha de Produção, de Fluxo, ou Linear. Aqui os centros de trabalho (recursos transformadores) são colocados na mesma sequência das etapas de produção/operações que o produto sofrerá, ou seja, o recurso em transformação caminha de uma operação à outra, percorrendo equipamentos colocados próximos uns dos outros, dispostos segundo o diagrama de montagem do Produto. Embora o fluxo seja facilitado por meio de mecanismos de integração, como esteiras, estes não são obrigatórios para se ter um Arranjo físico por Produto.

O fluxo de produtos, informações ou clientes é muito claro e previsível. Esta é a solução ideal quando se tem apenas um produto ou outros similares, fabricados em grande quantidade, pois o arranjo físico permite elevado grau de padronização das tarefas. Por isso, é mais indicado para Processos de produção em massa ou Processos contínuos. Exemplos que podemos destacar:

- Linha de montagem de automóveis populares – quase todas as variantes do mesmo modelo requerem a mesma sequência de processos. Normalmente a montagem do automóvel tem pouca variação nas etapas (Processo de massa). Já a produção das peças pode variar bastante, sendo comum a adoção de um processo em lotes por meio de um arranjo físico funcional ou celular;

- *Programa de imunização em massa* – todos os clientes requerem a mesma sequência de atividades administrativas, médicas e de aconselhamento;
- *Restaurante self-service* – geralmente, a sequência de serviços requeridos pelo cliente (entrada, prato principal, bebidas, sobremesa) é comum para todos os consumidores, mas o arranjo físico auxilia também a manter controle sobre o fluxo de compradores.

O arranjo físico por produto (linha) pode ser usado quando o sistema de produção for do tipo de processo por lote. Neste caso, o arranjo físico levará ao limite em termos de máximo volume e mínima variedade, como resume a Figura 13.

Figura 13: Arranjo físico *versus* tipo de processo.

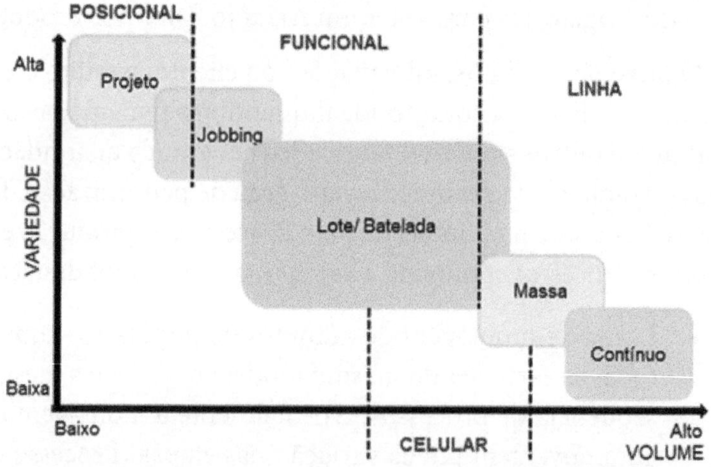

Fonte: adaptado de Slack, Brandon-Jones & Johnston, 2015; Moreira, 2011.

Vale ressaltar que, neste caso, é comum nas empresas serem chamados de processo de produção em escala, ou até em massa, devido ao volume de produção. Contudo, deve-se ressaltar que as características de compartilhamento de recursos e, especialmente, o fluxo intermitente de produção caracterizarão uma fabricação por lote.

4.3.4 Arranjo físico celular

Considerado um arranjo físico híbrido, ficou popularmente conhecido por sua adoção no sistema Toyota de produção. Aqui, as máquinas/equipamentos são agrupadas em células. Cada célula, normalmente, inclui todos os processos necessários para a produção de uma peça (ou família de peças) ou para a montagem completa de um componente ou produto final. Internamente, as máquinas/equipamentos da célula podem ser organizadas em um arranjo físico funcional ou por produto, e cada célula pode receber um arranjo físico diferente, por isso é dito arranjo físico híbrido.

4.4 Comparação entre os arranjos físicos

Como já mencionado, a eficiência em volume (produtividade) e variedade são particularmente afetados pela decisão sobre o arranjo físico. A Figura 14 ilustra os tipos de arranjo físico e sua relação com as dimensões de volume e variedade.

Figura 14: Tipos de arranjo físico e sua relação com volume e variedade.

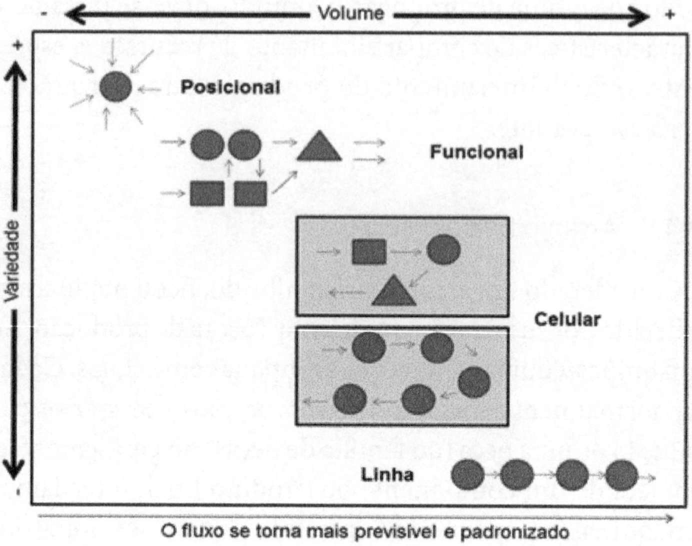

Fonte: adaptado de Slack, Brandon-Jones & Johnston, 2015.

Note que aumentando o volume, aumenta-se a importância de se gerenciar bem os fluxos. Ao passo que reduzindo a variedade, aumenta-se a viabilidade de um arranjo físico baseado em um fluxo evidente e regular. Os custos fixos tendem, então, a aumentar à medida que se migra do arranjo físico posicional, passando pelos arranjos de processo e celular para o arranjo físico por produto. Enquanto os custos variáveis tendem a decrescer pela economia de escala. O Quadro 5 resume as vantagens e desvantagens de cada tipo de arranjo físico relatado.

Quadro 5: Vantagens e desvantagens de cada tipo de arranjo físico.

Arranjo	Vantagens	Desvantagens
Posicional	Flexibilidade muito alta de *mix* e produto. Produto ou cliente não movido ou perturbado. Alta variedade de tarefas para mão de obra.	Custos unitários muito altos. Programação de espaço ou atividades pode ser complexa. Pode significar muita movimentação de equipamentos e mão de obra.
Processo	Alta flexibilidade de *mix* e produto. Relativamente robusto em caso de interrupção de etapas. Supervisão de equipamento e instalações relativamente fáceis.	Baixa utilização de recursos. Pode ter alto estoque em processo ou filas de clientes. Fluxo complexo pode ser difícil de controlar.
Produto	Baixos custos unitários para altos volumes. Dá oportunidade para especialização de equipamento. Movimentação conveniente de clientes materiais.	Pode ter baixa flexibilidade de *mix*. Não muito robusto contra interrupções. Trabalho pode ser repetitivo.
Celular	Pode dar um bom equilíbrio entre custo e flexibilidade para operações com variedade relativamente alta. Atravessamento rápido. Trabalho em grupo pode resultar em melhor motivação.	Pode ser caro reconfigurar o arranjo físico atual. Pode requerer capacidade adicional. Pode reduzir níveis de utilização de recursos.

Fonte: adaptado de Slack, Brandon-Jones & Johnston, 2015; Moreira, 2011; Corrêa & Corrêa, 2022.

4.5 Ferramentas para análise do arranjo físico

Nesta seção serão apresentadas algumas ferramentas gerais uteis para análise do processo que ajudam o projetista do arranjo físico. Contudo, na literatura existem outras ferramentas específicas para cada tipo de processo produtivo que não serão abordadas aqui.

4.5.1 Carta do processo

São cartas que descrevem os processos por símbolos indicativos das atividades realizadas como em um fluxograma. Aqui sugerimos os símbolos derivados da administração científica (Quadro 6). A indicação das distâncias percorridas entre as atividades e o tempo de demora entre elas ajuda a análise e completa as informações dos diagramas de fluxo. O Quadro 6 exemplifica uma carta do processo para fazer café em máquina de cápsula.

Quadro 6: Carta do processo para fazer café.

Tempo [seg.]	Distância [m]	Símbolo	Descrição
10	1,5	○ ⇨ □ D ▽	Ir até o armário.
1	0	○ ⇨ □ D ▽	Pegar a cápsula.
10	1,5	○ ⇨ □ D ▽	Levar a cápsula até a máquina.
5	0	○ ⇨ □ D ▽	Abrir o compartimento, colocar a cápsula e xícara.
1	0	○ ⇨ □ D ▽	Ligar a máquina.
20	0	○ ⇨ □ D ▽	Esperar a máquina esquentar.
1	0	○ ⇨ □ D ▽	Apertar o botão para iniciar.
20	0	○ ⇨ □ D ▽	Esperar a máquina fazer o café.
1	0	○ ⇨ □ D ▽	Retirar a xícara.

Fonte: a autora (2024).

As cartas do processo podem ser usadas em microprocessos, como é o caso ilustrado, ou para macroprocessos, quando se consideram máquinas ou centros de processamento.

4.5.2 Diagrama de relacionamentos

O diagrama de relacionamentos, também chamado de Matriz Triangular, é uma ferramenta que possui a finalidade de analisar a proximidade física entre centros de processamento, levando em consideração algumas restrições de proximidades relevantes, que podem ser relacionadas a áreas ou a setores que não devem (ou devem) ser subsequentes e nem estarem (ou não estarem) próximos no centro de produção (Soares *et al.*, 2009). Assim, para análise do ambiente, deve ser feita a partir da coleta de informações referentes às estações de processamento e suas respectivas áreas, bem como seu fluxo médio de recursos, um esboço gráfico e esquemático do local, respeitando as reais dimensões dos espaços e a dinâmica envolvida, quando existente, nas trocas de postos de trabalho (Silva *et al.*, 2008). Após a coleta destes dados, constrói-se o Diagrama de Relacionamentos, onde os componentes são os tipos de máquinas ou estações de processamento existentes, e o intercruzamento das células de dois deles será preenchido pelos critérios de proximidade:

- A (absolutamente importante) - valor 4;
- E (muito importante) - valor 3;
- I (importante) - valor 2;
- O (pouco importante) - valor 1;
- U (indiferente) - valor 0;
- X (indesejável) - valor -1.

Salientamos que esses critérios de proximidade devem estar adaptados a cada situação, inserindo ou removendo nomenclaturas que forem mais adequadas. Além disso, em algumas situações, centros de trabalho subsequentes quanto ao fluxo do processo produtivo precisam ser separados fisicamente. Exemplos disso são as áreas limpas *versus* sujas em produção de alimentos, assim como as áreas que ofereçam riscos excessivos como ruídos ou calor. Para isso, devem-se considerar as normas regulamentadoras da ANVISA (Agência Nacional de Vigilância Sanitária), procedimentos de Boas Práticas de Fabricação, Análise de Perigos e Pontos Críticos de Controle (APPCC), entre outras.

Um exemplo hipotético de uma fábrica com cinco (05) tipos diferentes de processos e suas inter-relações pode ser visto na Figura 15.

Figura 15: Diagrama de Relacionamentos hipotético – Matriz triangular.

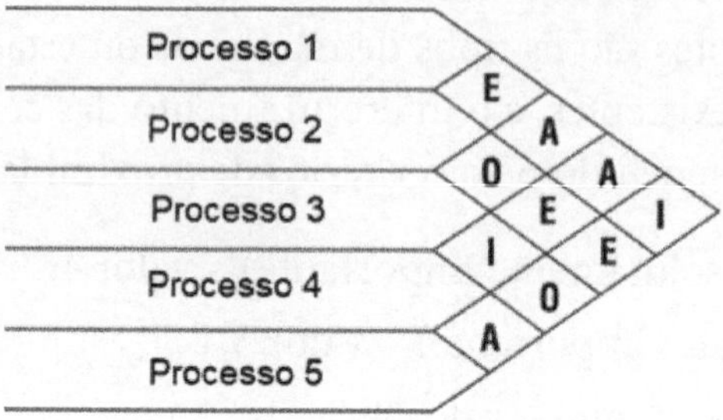

Fonte: adaptado de Soares *et al.*, 2009.

Considerado o relacionamento apresentado na Matriz triangular e o valor de cada critério, a intensidade desse relacionamento pode ser representada como a Figura 16.

Figura 16: Diagrama de Relacionamentos hipotético – intensidade.

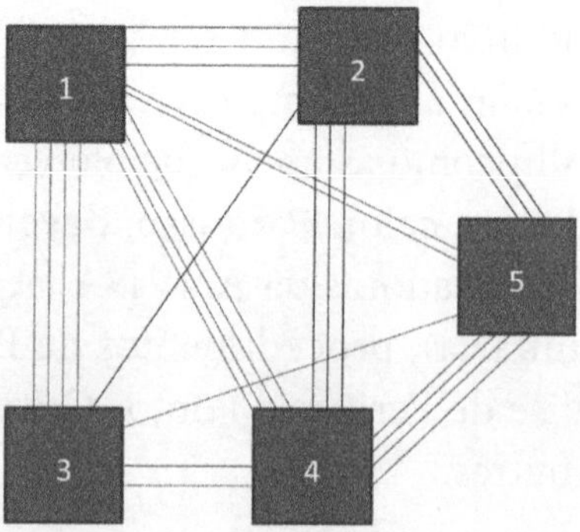

Fonte: a autora (2024).

4.5.3 Diagrama de fluxo – mapofluxograma

Os diagramas de fluxo, ou mapofluxogramas, ou diagrama de blocos, proporcionam uma visão prévia do espaço necessário para alocação dos recursos fabris para elaboração do arranjo físico e do projeto de instalações industriais. Além de apresentar os blocos que representam o agrupamento dos centros de produção, também apresentarão algumas barreiras que separam alguns destes blocos.

Estas barreiras representam paredes na planta, ou qualquer outra barreira física que atenda à restrição criada inicialmente nas matrizes de relacionamentos, que exigem que alguns centros sejam sequentes, mas sob a condição de que estejam distantes e essa distância possa ser sanada com a disponibilização de barreiras físicas (Soares *et al.*, 2009). Para exemplificar, a Figura 17 apresenta um mapofluxograma para o processo de beneficiamento de arroz, ou seja, um arranjo físico linear, onde as cores diferentes nos fluxos simbolizam produtos e subprodutos do processo.

Figura 17: Mapofluxograma – arranjo físico linear.

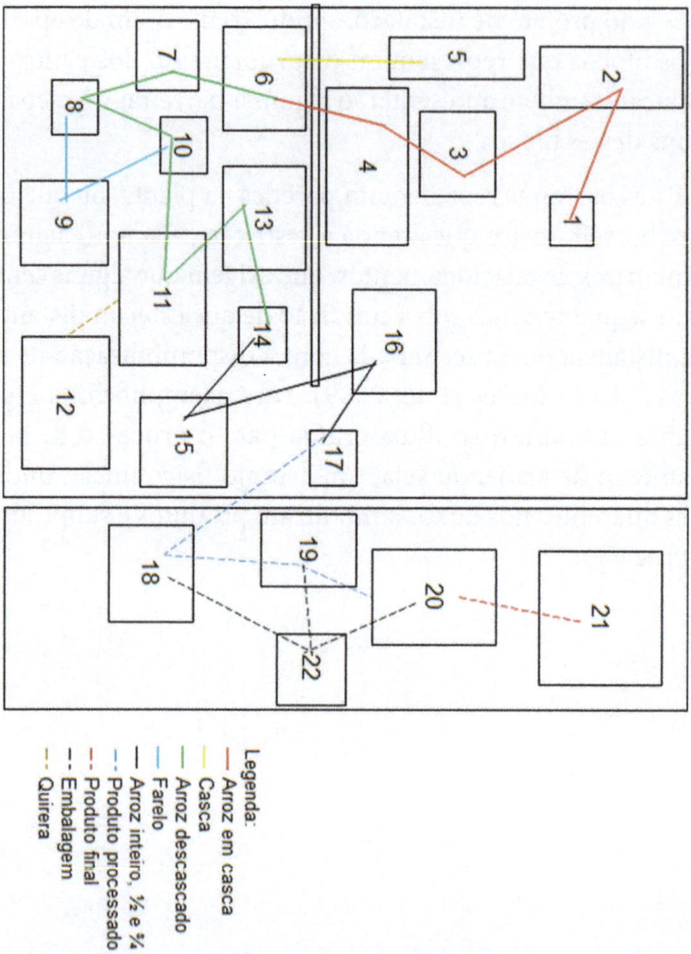

Fonte: Soares *et al.*, 2009.

Para chegar ao resultado semelhante da Figura 17, primeiramente sugere-se trabalhar com os blocos e as relações estabelecidas. Considerando as relações da Figura 16, ao observar o processo 1, percebe-se como proximidades ideais as que serão apresentadas na Figura 18a. Contudo, ao observar o processo 2, percebe-se a necessidade de aproximá-lo do processo 5. Continuando a observação dos demais processos é possível chegar a uma configuração, como mostrada na Figura 18b. Esse movimento é por tentativa e erro, não havendo uma única solução.

Figura 18: Diagrama de Blocos: (a) solução inicial e (b) solução final.

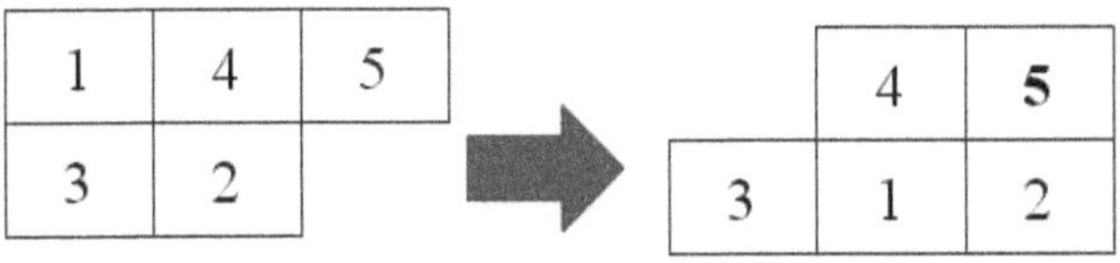

Fonte: a autora (2024).

Depois de estabelecida a configuração final no diagrama de blocos, parte-se para o mapofluxograma. Para isso, é fundamental conhecer os fluxos de produção dos produtos. No caso da Figura 17 tem-se um processo em massa e arranjo físico linear, ou seja, a disposição do arranjo físico obedece ao fluxograma de produção do produto, resultando em subprodutos em determinadas etapas até o produto final. Note que, na Figura 17, as cores distintas simbolizam os subprodutos, mas há apenas uma direção de fluxo.

Imagine agora um processo em lote com arranjo físico por processo, em que os materiais podem passar por etapas em sequências distintas. Para o exemplo da Figura 16 considere que há dois produtos tal que a sequência é dada por: Produto A = 3, 1, 4, 5, 2; e Produto B = 4, 5, 2, 1, 3. A Figura 19 apresenta o mapofluxograma para o diagrama de blocos resultante da Figura 18.

Figura 19: Mapofluxograma – arranjo físico por processo.

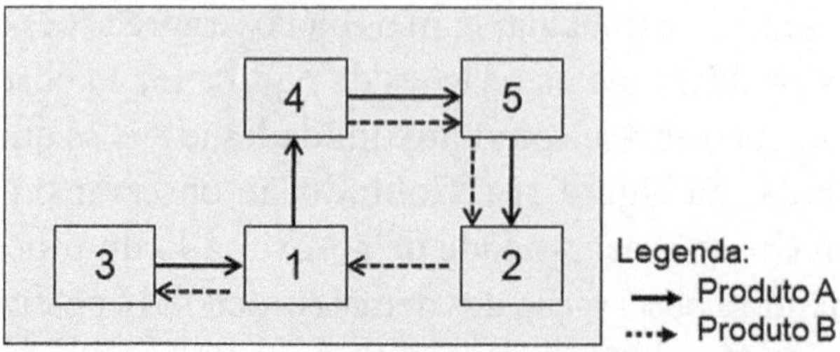

Fonte: a autora (2024).

No caso do arranjo físico por processo, uma técnica adicional é recomendada para redefinir o arranjo físico final, chamada de Matriz De-Para.

4.5.4 Matriz De-Para

Matriz De-Para é útil ao explicar o sentido do fluxo trocado entre os pares de centros de trabalho e a sua intensidade em termos de carga ou número de viagens. Esta matriz é especialmente vantajosa, quando há vários centros de trabalho indiferentes quanto a sua proximidade, especialmente em arranjos físicos por processo. Por meio da análise De-Para é possível identificar quais destes centros de trabalho deveriam estar próximos para melhorar a eficiência do fluxo de serviço em termos de tempo e/ou distância percorrida.

Considere o caso anterior (Figura 19) com produção diária de: Produto A = 50 unidades e Produto B = 100 unidades. Considerando que cada unidade é enviada de um processo ao outro individualmente, o Quadro 7 apresenta o número de viagens (fluxo) entre os processos (etapas) para esse caso. Considere ainda que blocos vizinhos tenham uma distância média (considerando o centro de gravidade) de 10 metros, com isso, é possível calcular o esforço total, como mostrado no Quadro 7.

Quadro 7: Matriz De-Para.

Número de fluxos

DE	PARA 1	2	3	4	5
1	--		100	50	
2	100	--			
3	50		--		
4				--	150
5		150			--

Número de fluxos X Distância

DE	PARA 1	2	3	4	5
1	--		1000	500	
2	1000	--			
3	500		--		
4				--	1500
5		1500			--

Total de 6000 metros

Fonte: a autora (2024).

A partir desta matriz é possível verificar oportunidades de melhoria no Mapofluxograma. Para isso, é importante observar as relações de maior esforço. No caso do Quadro 7 tem-se "de 4 para 5" e "de 5 para 2", ambos com esforço de 1500 metros por dia. Ao analisar a Figura 19, observa-se que o processo 5 já está próximo, tanto do processo 4 quanto do processo 2, não sendo possível melhorar esse esforço. O mesmo ocorre entre os processos 1 com 3 e 1 com 2, segundo maior esforço. Logo, a configuração da Figura 19 já é a melhor opção. Caso contrário, deveria realizar a sugestão de melhoria e analisar novamente o esforço total.

4.5.5 Fluxograma de setores

Apesar do nome, esse fluxograma é muito utilizado em arranjos lineares, pois o fluxograma de setores permite a visualização da distribuição das atividades pelos processos de trabalho em seus respectivos setores da planta industrial. Esses setores podem ser áreas delimitadas da planta, como por exemplo, área limpa e área suja, entre outras. Para exemplificar, a Figura 20 apresenta um fluxograma de setores para o mesmo exemplo da Figura 17.

Figura 20: Fluxograma de setores – beneficiamento de arroz.

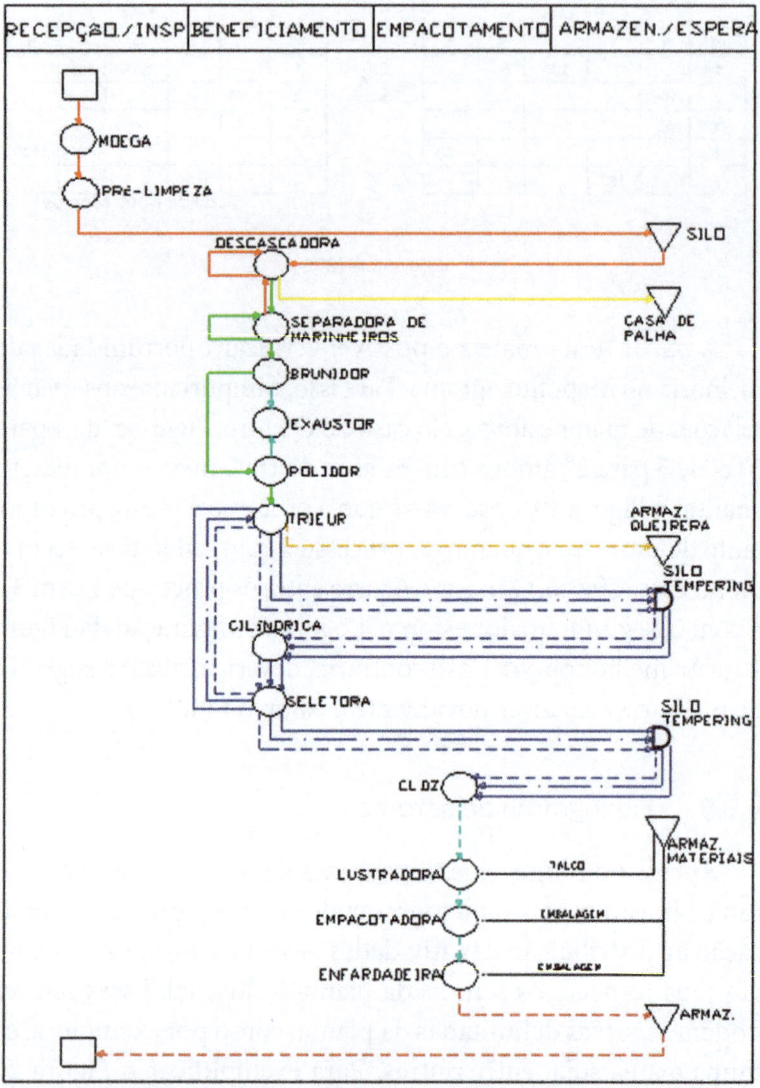

Fonte: Soares *et al.*,2009.

Resumidamente, fluxograma de setores apresenta visualmente a distribuição do fluxograma do processo entre os setores (áreas ou departamentos) da planta industrial.

4.5.6 Balanceamento da linha

Em arranjo físico linear é muito importante o balanceamento de linha, pois possibilita um estudo preliminar da distribuição de cargas de trabalho, através das unidades produtivas que atuam segundo um método de trabalho. Suponha uma linha composta por sete estações de trabalho (atividades) descritas na Tabela 1.

Tabela 1: Atividades da linha de produção.

Atividade	Duração (minutos)	Precedência	Procedência
A	2,8	----	B, C
B	3,5	A	D
C	1,7	A	E, F
D	1,0	B	G
E	2,5	C	G
F	3,0	C	G
G	3,0	D, E, F	----

Fonte: adaptado de Martins & Laugeni, 2005.

Considerando as informações de procedência (ou precedência) é possível gerar o gráfico da sequência das atividades desta linha pela Figura 21.

Figura 21: Fluxograma do processo – balanceamento de linha 1.

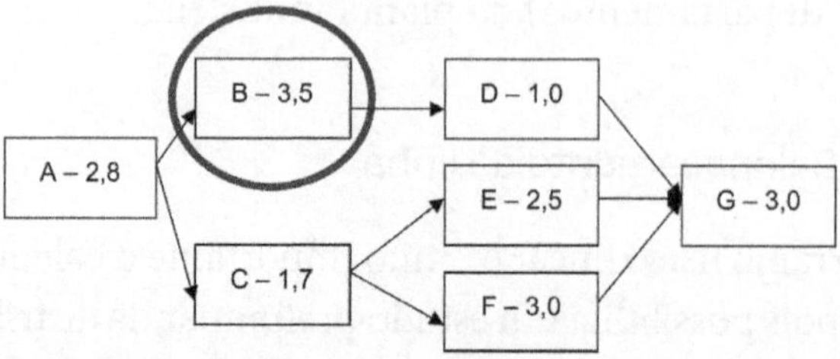

Fonte: adaptado de Martins & Laugeni, 2005.

Primeiramente, é possível observar que a atividade B é o recurso restritivo desta linha, também chamado de **gargalo**. Essa tarefa define a capacidade máxima de produção. Para calcular, imagine que apenas um operário irá realizar todas as atividades. Neste caso, o tempo necessário para a produção de uma unidade será de 17,5 minutos (soma dos tempos de todas as atividades, ou seja, o conteúdo do trabalho). Caso haja um operário por tarefa, esse tempo cairia para 3,5 minutos, ou seja, independente da eficiência das demais etapas, a atividade B (gargalo) limitará a produção por ser a atividade mais demorada.

Observação:

Em processos automatizados não faz sentido pensar em postos de trabalho para operadores, mas a análise da linha é útil para entender as restrições provocadas pelos gargalos.

Para prosseguir com o balanceamento e definir o número ideal de operadores nessa linha, o primeiro passo é determinar o tempo de ciclo (ver capítulo 5). Com essa informação é calculado o número teórico de operadores (Eq.1).

$$Nt = \frac{Conteúdo\ da\ tarefa}{Tempo\ de\ ciclo} \quad (1)$$

Suponha que a linha de produção da Figura 21 apresenta um tempo de ciclo de 4,5 minutos, ou seja, uma unidade foi produzida a cada 4,5 minutos. Dado que o conteúdo da tarefa é de 17,5 minutos, o número teórico de operadores desta linha será de 3,88. Como não existem 0,88 operadores, o número real de operadores será no mínimo igual a quatro (04).

Além disso, para definir o número real de operadores é preciso observar a linha de produção, a disposição das atividades e verificar se é possível que apenas quatro (04) operadores executem todas as tarefas. Existem métodos na literatura que auxiliam na distribuição dos operadores na linha de produção para definir esse número real. Um balanceamento padrão pode ser:

- **Operador 1** = Atividades A (2,8) + C (1,7) = folga zero;
- **Operador 2** = Atividades B (3,0) + D (1,0) = folga zero;
- **Operador 3 e 4** = Atividades E (2,5) + F (3,0) + G (3,0) = folga 0,5 minutos.

Agora suponha os mesmos tempos totais e o mesmo gargalo, mas invertendo a posição de algumas atividades, como mostra a Figura 22. Seria possível que apenas quatro (04) operadores executassem todas as atividades?

Figura 22: Fluxograma do processo – balanceamento de linha 2.

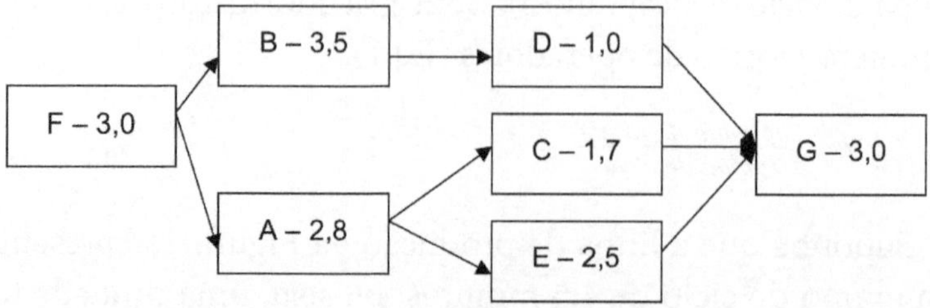

Fonte: adaptado de Martins & Laugeni, 2005.

Sem a informação da disposição destas atividades no arranjo físico real, a distância entre elas, se há ou não barreiras físicas etc., não é possível determinar com exatidão se um operador seja capaz de executar mais de uma atividade, tão pouco quais delas, especialmente quando estão distantes no Fluxograma do processo. Levando em consideração que em um arranjo físico celular, por exemplo, as máquinas dentro da célula são comumente arranjadas em uma linha de produção em formato 'U'. Ao balancear essa linha em formato de U será possível perceber que um operário pode, dependendo do tempo da atividade, executar a primeira e a última tarefa, mas isso seria muito complexo se a linha estivesse em formato 'S', por exemplo. No entanto, o fluxograma do processo e as relações de precedência/procedência não definem o arranjo propriamente dito.

> ***Observação:*** *Só é possível definir com exatidão o número real de operadores, após entender exatamente a disposição das máquinas no espaço físico da empresa, bem como sua dependência ou não da força de trabalho humana.*

Definido o número real de operadores é possível calcular a eficiência deste balanceamento pela Eq. (2).

$$Eficiência = \frac{Número\,teórico}{Número\,real} \quad (2)$$

Para o exemplo, considere que o número real de operadores seja quatro (04), nesse caso teríamos uma eficiência de 97,22%.

4.6 Exercício de integração de métodos

Suponha um arranjo físico por processo (ou funcional) em que opera três produtos, passando por cinco (05) atividades da seguinte maneira:

- Produto A = 3, 5, 4, 1 = 30 unidades por dia;
- Produto B = 4, 2, 1, 5, 3 = 25 unidades por dia;
- Produto C = 4, 3, 5, 1, 2 = 40 unidades por dia.

Considere ainda as inter-relações entre as atividades como mostra a Figura 23(a) e a distância média (provável) entre as atividades (setores) dadas pela Figura 23(b).

Figura 23: Exercício: (a) Matriz triangular e (b) Distância média entre setores.

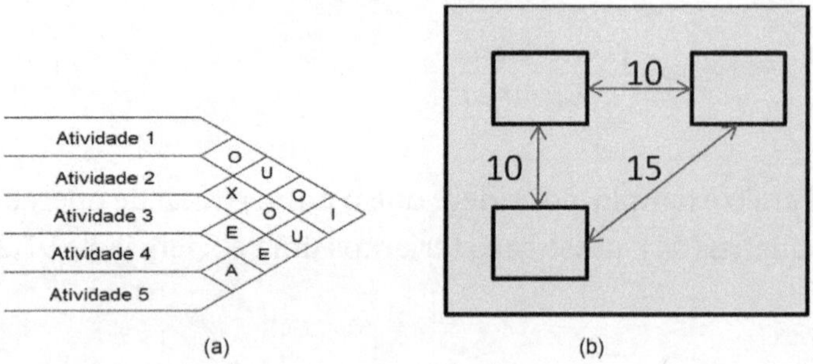

Fonte: a autora (2024).

Calcule o esforço total para esse processo, analisando a intensidade de relacionamento, o mapofluxograma e Cartas De-Para.

4.6.1 Sugestão de solução

Considerando a Matriz triangular, temos a intensidade de relacionamento dada pela Figura 24.

Figura 24: Intensidade do Relacionamento – exercício.

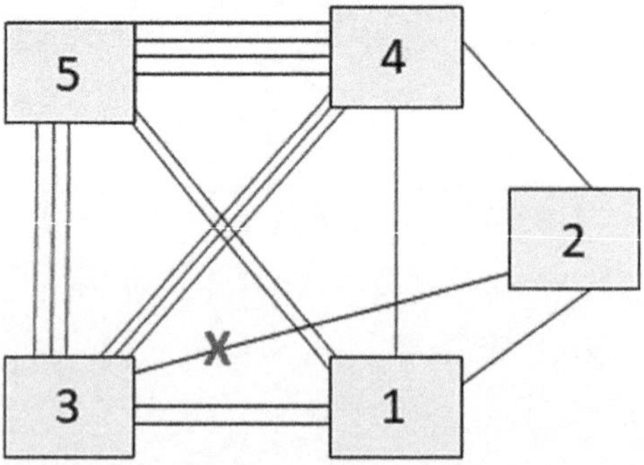

Fonte: a autora (2024).

Observando os relacionamentos é possível, por tentativa e erro, chegar a uma solução de mapofluxograma como na Figura 25.

Figura 25: Mapofluxograma – exercício.

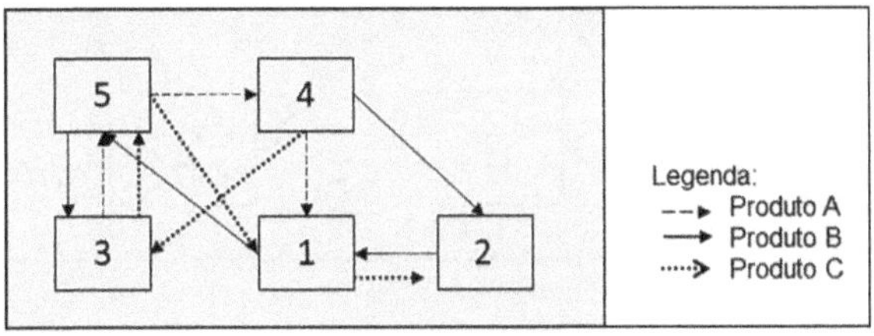

Fonte: a autora (2024).

Considerando esse arranjo físico podemos calcular a distância total percorrida entre os setores (atividades) por meio do uso de Cartas De-Para, como mostra o Quadro 8.

Quadro 8: Matriz De-Para – exercício: alternativa 1.

Número de Fluxo

	PARA				
DE	1	2	3	4	5
1	--	40			25
2	25	--			
3			--		70
4	30	25	40	--	
5	40		25	30	--

→

Distância total

	PARA				
DE	1	2	3	4	5
1	--	400			375
2	250	--			
3			--		700
4	300	375	600	--	
5	600		250	300	--

Total = 4150

Fonte: a autora (2024).

Analisando os valores de distância total, observa-se que o maior esforço está "de 5 para 3". Como eles já estão próximos, então não há como melhorar. Observando agora o segundo maior esforço, ou seja, "**de 4 para 3**" e "**de 5 para 1**", pode-se sugerir a mudança entre as atividades 3 e 5, como mostra a Figura 26.

Figura 26: Diagrama de Blocos com melhoramento – exercício.

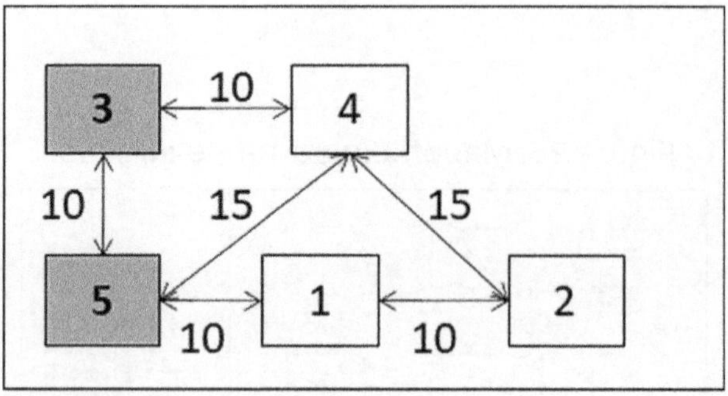

Fonte: a autora (2024).

Considerando o novo arranjo físico, o esforço total pode ser visto nas Cartas De-Para no Quadro 9.

Quadro 9: Matriz De-Para – exercício: alternativa 2.

Número de Fluxo

DE	1	2	3	4	
1	--	40			
2	25	--			
3			--		
4	30	25	40	--	
5	40		25	30	

Distância total

	PARA				
DE	1	2	3	4	5
1	--	400			250
2	250	--			
3			--		700
4	300	375	400	--	
5	400		250	450	--

Total =3775

Fonte: a autora (2024).

Essa solução possibilitou melhoria no esforço total, representando um resultado melhorado. Vale salientar que é importante verificar se esse fluxo é rotineiro ou momentâneo, para não tomar a decisão equivocada.

4.7 Questões para discussão

1. O que significa planejar o arranjo físico de uma instalação?
2. Quais são as razões pelas quais as decisões de arranjo físico são importantes?
3. Por que o arranjo físico é influenciado pelo tipo de processo?
4. Explique arranjo físico posicional, funcional, por produto e celular.
5. Qual a relevância das ferramentas de apoio aos projetistas de arranjo físico?
6. Volte na seção 4.6 e proponha outra solução de mapofluxograma, depois compare o resultado com a solução apresentada.

REFERÊNCIAS

CORRÊA, Henrique L; CORRÊA, Carlos A. *Administração de produção e operações: manufatura e serviços*: uma abordagem estratégica. 4. ed. São Paulo: Atlas, 2022.

MARTINS, P. G. & LAUGENI, F. P. *Administração da produção*. 2. ed. São Paulo: Saraiva, 2005.

MOREIRA, D. A. *Administração da Produção e Operações*. São Paulo: Cengage Learning, 2011.

SILVA, Rodolfo Benedito; SOARES, Eduardo José Oenning; ALVES, Alessandro Pilonetto; SILVA, Fabrício Schwanz; FONTANA, Marcele Elisa. *Estudo do Arranjo Físico em Uma Indústria de Beneficiamento de Leite de Pequeno Porte*. IV Encontro Mineiro de Engenharia de Produção (EMEPRO). Ouro Preto, 2008.

SLACK, N.; BRANDON-JONES, A.; JOHNSTON, R. *Administração da Produção*. 4. ed. São Paulo: Atlas, 2015.

SOARES, Eduardo José Oenning; FONTANA, Marcele Elisa; SILVA, Fabrício Schwanz da; PORTO, Alexandre Gonçalves. *Dimensionamento do fluxo de produtos e de centros produtivos em uma unidade de processo contínuo:* estudos práticos usando engenharia de métodos. In: XVI Simpósio de Engenharia de Produção. Bauru – SP, 2009.

5. PROJETO DO TRABALHO

O projeto do trabalho é de fundamental importância no desenvolvimento da cultura de uma organização com valores, crenças e pressupostos compartilhados, pois define as expectativas do que é requerido das pessoas (a), influencia suas percepções de como contribuem para a organização (b), define suas atividades em relação a seus colegas de trabalho (c) e canaliza os fluxos de comunicação entre diferentes partes da organização (d).

O que vamos ver neste capítulo:

- Estrutura organizacional;
- Habilidades e competências no trabalho;
- Estudo de trabalho: Métodos do trabalho, Medida do trabalho e Ergonomia;
- Abordagem Comportamental.

5.1 Estrutura organizacional

A estrutura organizacional, ou organograma de uma empresa, se refere aos modos pelos quais as tarefas e responsabilidades são alocadas aos indivíduos e como eles são agrupados em escritórios, departamentos ou divisões (Wright, Kroll & Parnell, 2000). Em outras palavras, é a representação gráfica hierárquica ou estrutura de comando da empresa. Conhecer a estrutura organizacional auxilia a todos os funcionários na execução de suas atividades, especialmente a quem deve se reportar.

A Figura 27 apresenta uma estrutura organizacional genérica, onde é possível verificar que o **diretor de operações** está em uma **posição de linha**, pois coordena o trabalho de manufatura e logística dos produtos. Em outras palavras, gerencia as atividades diretamente ligadas à agregação de valor sobre o produto que a empresa vende. Enquanto os **diretores de RH e financeiro** estariam em **posições de staff**, tendo autoridade de advertir, aconselhar ou recomendar aos funcionários quando o tema for de sua área de atuação.

Figura 27: Estrutura organizacional genérica.

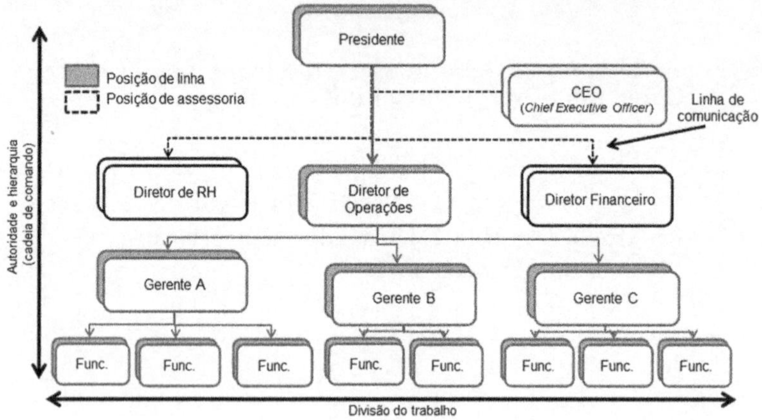

Fonte: adaptado de Sobral & Peci, 2013.

Outra característica importante nas estruturas organizacionais é a extensão da cadeia de comando, sendo divididas em organização achatada e organização alta, como ilustra a Figura 28.

Figura 28: Organização achatada *versus* Organização alta.

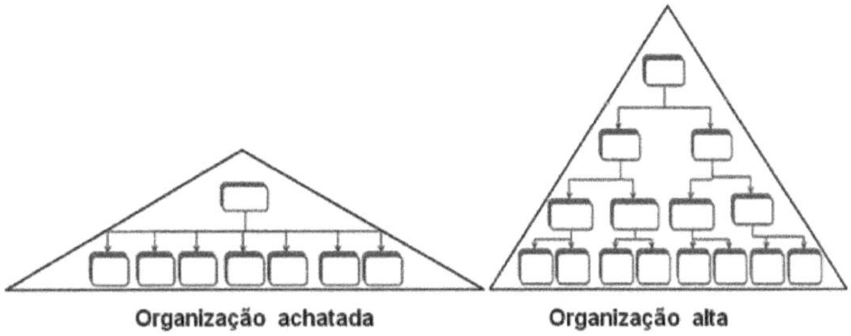

Fonte: adaptada de Wright, Kroll & Parnell, 2000.

Em suma, uma organização alta é caracterizada por apresentar grande número de níveis hierárquicos, mas com pequena amplitude de controle, ou seja, poucos funcionários diretamente sob o comando de cada gestor. A principal **vantagem** está na associação clara do plano de carreira e o cargo ocupado pelo funcionário. Como **desvantagens** têm-se o alto custo associado aos cargos e a comunicação mais lenta e difícil entre o alto comando da empresa (topo) e o chão de fábrica, sendo assim, ideal para empresas em ambientes estáveis, onde as mudanças ocorrerem em períodos longos de tempo.

Já a organização do tipo achatada possui poucos níveis hierárquicos com grande amplitude de controle. Por isso, para este tipo de estrutura funcionar é preciso descentralizar a autoridade, dando maior poder de decisão aos funcionários. Por sua vez, os colaboradores precisam ser menos especializados, ou seja, possuir a capacidade de executar um número maior de tarefas do que na estrutura alta. A principal **vantagem** está na comunicação rápida, sendo ideal para empresas em ambientes dinâmicos, onde precisam se adaptar rapidamente às mudanças de mercado. Como **desvantagem** tem-se a dificuldade de associar um plano de carreira diretamente pelo cargo, sendo usualmente associado ao tempo de empresa e/ou experiência profissional.

É a orientação estratégica da empresa que determina o tipo específico de estrutura mais apropriada. Ao longo do tempo, à medida que muda sua situação, a empresa pode passar de uma estrutura para outra (Wright, Kroll & Parnell, 2000). As principais estruturas organizacionais disponíveis são: Funcional, Divisional, Matricial, Horizontal e Radial.

5.1.1 Estrutura organizacional funcional

A estrutura organizacional Funcional enfatiza as funções que a organização deve desempenhar (Figura 29). Esta estrutura é adequada às empresas de qualquer tamanho que têm uma única linha de produtos ou apenas algumas linhas de mercadorias semelhantes. Isso porque é difícil atribuir a responsabilidade por perdas ou lucros. Cria entre os funcionários uma perspectiva estreita da organização. Por este motivo, facilita os processos de planejamento, organização, motivação e controle de grupos de funcionários.

Figura 29: Estrutura organizacional – Funcional.

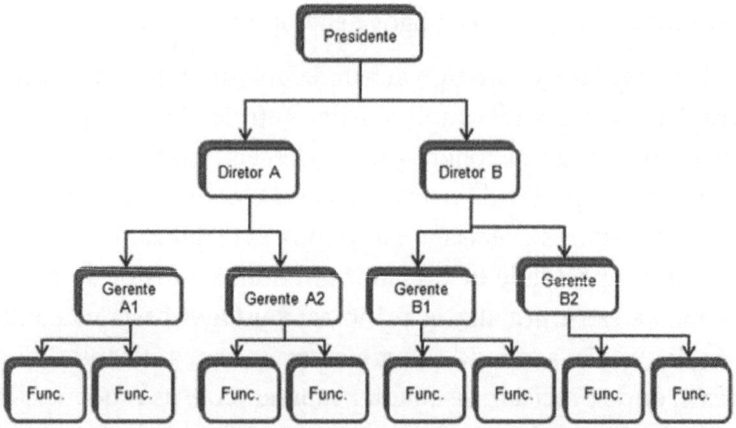

Fonte: adaptada de Wright, Kroll & Parnell, 2000.

Os problemas e as oportunidades são percebidos mais em termos dos interesses de cada área funcional do que pelo modo em que eles afetam a organização como um todo. Consequentemente, diferentes soluções para o mesmo problema ou estratégias diferenciadas para que a empresa se beneficie de uma oportunidade podem ser apresentadas como desejáveis pelos vários departamentos funcionais. A diferenciação funcional desafia a administração com a tarefa de coordenar atividades diferentes, de modo que se obtenha um todo lógico e unificado.

5.1.2 Estrutura organizacional divisional

À medida que a empresa expande seu mix de produtos e/ou região geográfica de atendimento, ela precisará modificar sua estrutura organizacional. Na estrutura **Divisional** a sede da empresa centraliza decisões e esforços comuns, enquanto as divisões se concentram na produção de cada categoria individual de produto e atendimento das necessidades específicas dos clientes (Figura 30). Comparada à Funcional, aqui a habilidade de atribuir responsabilidades por perdas ou lucros aumenta muito, pois fica evidenciado à alta administração e quais divisões estão operando com lucratividade, além de quais estão incorrendo perdas.

Figura 30: Estrutura organizacional – Divisional.

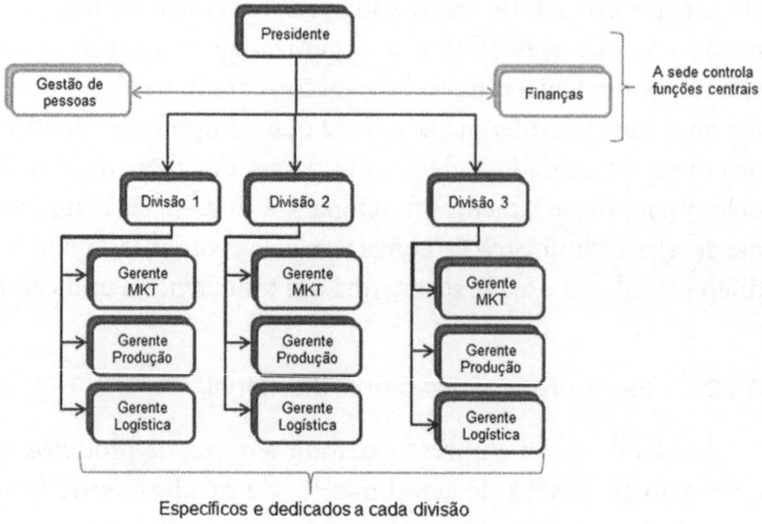

Fonte: adaptada de Wright, Kroll & Parnell, 2000.

Essa estrutura é ideal para o treinamento e desenvolvimento de administradores, porque cada administrador de produto está, de fato, dirigindo seu "próprio negócio". Contudo, sua operação pode ser mais cara que a da estrutura funcional, porque cargos gerenciais e a coordenação das atividades na matriz tornam-se mais complexas.

> ***Observação:*** *o aumento da complexidade gerencial é inerente à expansão das empresas, ou seja, não é a mudança de organograma que torna a gestão mais complexa, mas sim o crescimento da empresa requerendo, portanto, a mudança da estrutura organizacional para que a gestão seja mais eficiente.*

5.1.3 Estrutura organizacional matricial

A estrutura Organizacional **Matricial** é caracterizada pela cadeia de comando duplo, onde existe um gerente da função e outro do projeto (Figura 31). Essa estrutura é mais usada por organizações que operam em setores onde a mudança tecnológica é muito rápida e por aqueles que trabalham em processos por projeto. Apresenta uma flexibilidade considerável, uma vez que os funcionários podem ser facilmente transferidos entre os projetos. Além disso, os funcionários são mais envolvidos, sendo responsáveis por tomar e implementar muitas decisões no nível dos projetos. Assim sua motivação pode ser aumentada e sua satisfação com o trabalho tende a ser relativamente alta.

Figura 31: Estrutura organizacional – Matricial.

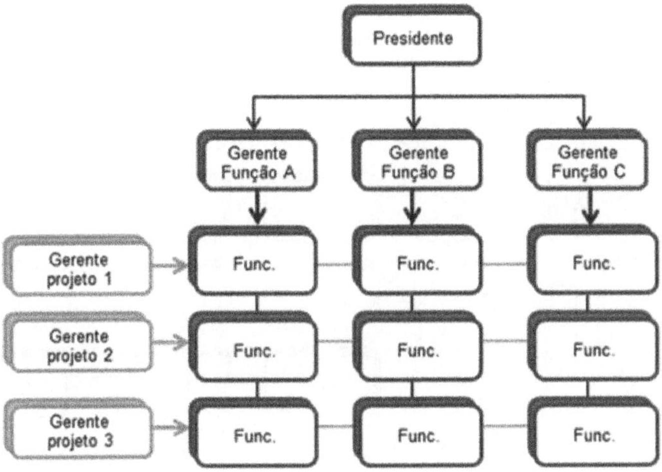

Fonte: adaptada de Wright, Kroll & Parnell, 2000.

Contudo, um maior custo administrativo é associado a sua operação. Como a coordenação entre as áreas funcionais e projetos é muito importante, o pessoal da empresa passa um tempo considerável em reuniões trocando informações. Além disso, é caracterizada por um considerável conflito que pode assumir duas formas:

- Conflito entre os gerentes de projeto e os das áreas funcionais em relação a orçamentos e funcionários;
- Conflito entre os próprios gerentes de projetos em relação a questões semelhantes de alocação de recursos.

5.1.4 Estrutura organizacional horizontal

Como uma opção ao organograma matricial surge a estrutura **Horizontal** (Figura 32). Aqui cada projeto, ou processo, tem seu próprio gerente, cujo grupo é composto de funcionários que exercem várias funções (grupo multifuncional). A diferença para o anterior é a ausência da divisão por função.

Figura 32: Estrutura organizacional – Horizontal.

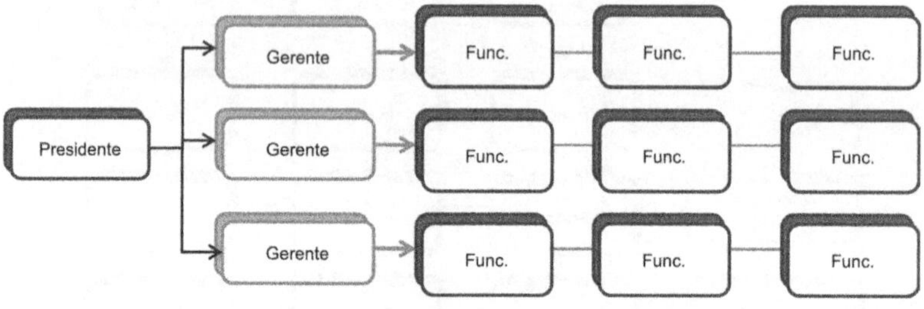

Fonte: adaptada de Wright, Kroll & Parnell, 2000.

A organização horizontal reduz níveis hierárquicos pela eliminação de trabalhos que não agregam valor e pela transferência de responsabilidades gerenciais aos operadores de processos, que têm maior autonomia de decisão sobre suas atividades dentro dos processos como um todo. A gestão de uma estrutura horizontal não pretende acabar com a hierarquia, mas promover maior agilidade ao trabalho. Contudo, alguns profissionais têm dificuldades em se organizar e assumir responsabilidades. Assim, projetos podem não decolar, simplesmente, pela falta de alguém que tome a iniciativa. Colaboradores indecisos quanto ao seu papel podem demandar maior presença de uma liderança.

5.1.5 Estrutura organizacional radial

Uma estrutura que vem ganhando espaço, especialmente entre empresas de tecnologia, é a **Radial**. Nela o principal líder da organização fica posicionado no centro, "irradiando" sua influência aos demais arcos do gráfico (Figura 33).

Figura 33: Estrutura organizacional – Radial.

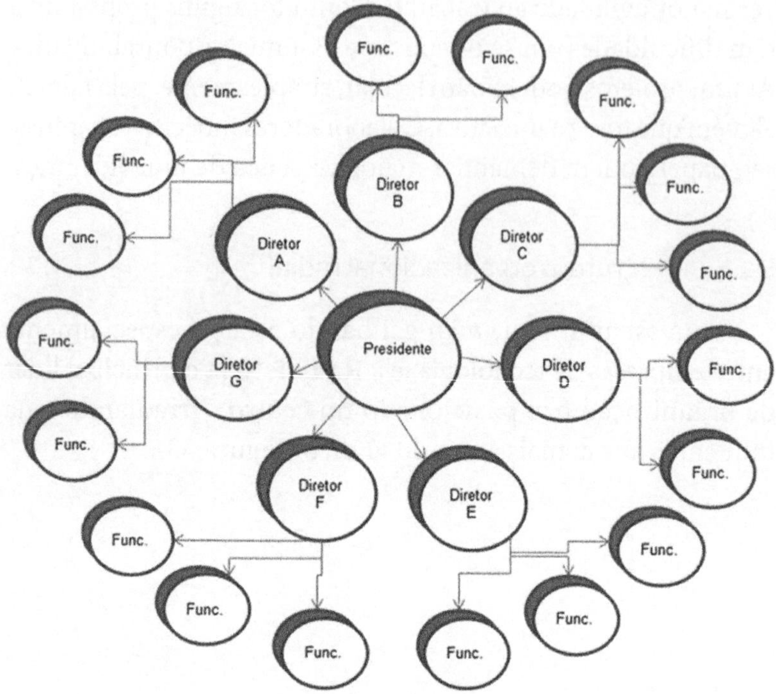

Fonte: a autora (2024).

Apesar de vermos a hierarquia mais ao centro, tenta-se ressaltar o trabalho em grupo e proximidade das áreas, ou seja, destaca-se o caráter de unicidade entre as divisões da organização. Acredita-se que por meio da representação circular é possível identificar de forma mais clara a importância da atuação em grupo, entre diferentes áreas ou divisões para o alcance dos objetivos estratégicos da organização. Contudo, é considerado excessivamente moderno, não sendo de fácil leitura e compreensão por parte dos colaboradores, que podem ter dificuldades de situar sua área e cargo na organização.

5.1.6 Estrutura organizacional mecânica *versus* orgânica

As estruturas descritas até aqui podem ser chamadas "mecânicas", ou seja, aquelas que apresentam cargos rígidos, estáveis e definidos. Ideal para tarefas rotineiras e repetitivas, em especial para aumentar a eficiência da produção. Contudo, devido à multiplicação da terceirização, através do teletrabalho, mão de obra temporária, aproximação com fornecedores, parceria com clientes e alianças entre concorrentes, as características das empresas estão mudando. Muitas empresas nem possuem mais ativos mensuráveis, prédios, estruturas definidas, ou mão de obra fixa. Estas estão deixando a estrutura relativamente fechada (mecânico) para se tornar sistemas abertos e interativos (orgânicos). As estruturas orgânicas são caracterizadas por cargos mutáveis, provisórios e autodefinidos. Elas tomam forma conforme seja a necessidade, estimulando o processo criativo e inovador. Ideal para tarefas únicas, mutáveis e complexas (Chiavenato & Sapiro, 2016).

5.2 Habilidades e competências

O desempenho profissional é resultado de um conjunto de competências, que podem ser adquiridas através da formação acadêmica e de experiências pessoais do indivíduo (García-Aracil, Monteiro & Almeida, 2021).

A palavra "*skill*" em inglês pode significar "habilidade", "competência" ou "destreza", a depender do contexto em que ela está inserida. Quando falamos do mercado de trabalho, ela não está somente relacionada ao conceito da habilidade em si, mas também ao conceito de competência, pois além de "saber fazer", dizer que tem uma *skill* desenvolvida é ter o conhecimento, a atitude e a habilidade para solucionar um problema (*Great Place to Work* - GPTW, 2021).

As *hard skills* são as habilidades consideradas técnicas, adquiridas por meio de alguma formação profissional, universitária, cursos ou de experiências adquiridas, e são facilmente mensuradas, pois são comprovadas no currículo com certificados ou diplomas (Mailool, 2020; Sopa, 2020). São competências que consideramos técnicas, específicas, que mostram o "saber-fazer" do profissional relacionado à natureza da sua formação, ao contrário das competências transversais (Ramos & Bento, 2010). Assim elas podem ser desenvolvidas dentro da sala de aula, durante a formação profissional ou dentro do ambiente de trabalho.

Por outro lado, as *soft skills* são conhecidas como as habilidades transversais, ou seja, são aplicáveis em diversas situações e não somente em um contexto específico. O conceito de competências transversais foi designado inicialmente como "competências-chave" e refere-se às habilidades que não estão relacionadas, diretamente, com a formação acadêmica ou qualificações técnicas desempenhadas por uma pessoa (Cabral-Cardoso, Estévão & Silva, 2006; García-Aracil, Monteiro & Almeida, 2021).

Nesse contexto, as *soft skills* são habilidades ligadas diretamente às aptidões mentais de um profissional, ou seja, as habilidades adquiridas no decorrer da vida e de experiências, sejam elas profissionais ou não, mas que fazem parte do comportamento do indivíduo como ele é hoje e interferem no seu desempenho no mercado de trabalho. Entretanto, as *soft skills* não são somente características interpessoais e sociais, são também qualidades pessoais dos indivíduos que mudam a forma como eles realizam as suas atividades profissionais. Segundo Sharma (2018), essas habilidades podem já ser características presentes no indivíduo e/ou serem aprendidas através de formações, experiências e treinamentos.

As competências requeridas no mercado de trabalho têm relação direta com as transformações sociais e tecnológicas. Estudos apontam para mudanças das habilidades requeridas em todas as áreas, principalmente, em virtude da Quarta Revolução Industrial, trazendo fatores como a Era da robótica avançada, desenvolvimento de tecnologias de inteligência artificial, automação no setor de transportes e aprendizagem automática (Volpe *et al.*, 2017).

Neste sentido, o *World Economic Forum* (WEF, 2020) elaborou um relatório destacando as 15 habilidades esperadas para 2025, no ambiente de trabalho. Aqui estas habilidades foram sumarizadas como técnicas (Quadro 10) e comportamentais (Quadro 11).

Quadro 10: Classificação das habilidades: *Hard* – Técnicas.

Habilidades	Descrição
Análise e avaliação de sistemas.	Considerar os custos e benefícios relativos das ações potenciais para escolher a mais apropriada. Determinar como um sistema deve funcionar e como as mudanças nas condições, operações e o meio ambiente afetarão os resultados.
Pensamento crítico e análise.	Usar lógica e raciocínio para identificar os pontos fortes e fracos de soluções alternativas, conclusões ou abordagens para problemas. Monitorar/avaliar seu desempenho, de outros indivíduos ou organizações para fazer melhorias ou tomar medidas corretivas.
Projeto e programação de tecnologia.	Escrever programas de computador para vários fins. Gerar ou adaptar equipamentos e tecnologia para atender às necessidades dos usuários.
Raciocínio, resolução de problemas e ideação.	Habilidades que influenciam a aplicação e manipulação de informações e que influenciam na solução de problemas envolvendo matemática na resolução de problemas.
Resolução de problemas complexos.	Identificar problemas complexos e revisar as informações relacionadas para desenvolver e avaliar opções e implementar soluções.

Fonte: adaptado de WEF, 2020.

Quadro 11: Classificação das habilidades: *Soft* – Comportamentais.

Habilidades	Descrição
Aprendizagem ativa e estratégias de aprendizagem.	Compreender as implicações de novas informações para a resolução de problemas e tomada de decisões atuais e futuras. Selecionar e usar métodos de treinamento/ instrução e procedimentos apropriados para a situação ao aprender ou ensinar coisas novas.
Criatividade, originalidade e iniciativa.	O trabalho exige disposição para assumir responsabilidades e desafios.
Inteligência emocional.	O trabalho requer ser sensível às necessidades e sentimentos dos outros, e ser compreensivo e útil no trabalho. Ser agradável com os outros no trabalho e mostrar uma boa índole e atitude cooperativa. Preferir trabalhar com outras pessoas em vez de sozinho, e ser pessoalmente conectado com outras pessoas no trabalho. Estar ciente das reações dos outros e entender porque eles reagem da maneira que o fazem.
Liderança e influência social.	O trabalho exige disposição para liderar, assumir o comando e dar opiniões e orientações.
Orientação para servir.	Procurar ativamente maneiras de ajudar as pessoas.
Pensamento analítico e inovação.	O trabalho requer a análise de informações e o uso de lógica, criatividade e pensamento alternativo para desenvolver novas ideias e respostas para problemas relacionados ao trabalho.
Persuasão e negociação.	Persuadir e aproximar outras pessoas e tentar reconciliar as diferenças.
Resiliência, tolerância ao estresse e flexibilidade.	O trabalho requer estar aberto a mudanças positivas ou negativas e a consideráveis variedades no local de trabalho. Manter a compostura, controlar as emoções, controlar a raiva e evitar comportamentos agressivos, mesmo em situações muito difíceis. Aceitar críticas e lidar de forma calma e eficaz com situações de alto estresse.
Solução de problemas e experiência do usuário/cliente.	Determinar as causas dos erros operacionais e decidir o que fazer com eles.

Fonte: adaptado de WEF, 2020.

5.3 Estudo do trabalho

O estudo do trabalho *(wok study)* emergiu de dois campos de estudo da administração Científica: estudo do método e medida do trabalho. Por isso, foi conhecido durante muitos anos com o nome de "estudo de tempos e movimentos" *(time and motion study)*. Porém, estudo do trabalho é o nome mais adequado por incorporar conceitos de: ergonomia, segurança, qualidade e organização do trabalho.

5.3.1 Estudo do método de trabalho

O estudo do método de trabalho concentra-se na determinação dos métodos e atividades que devem ser incluídos em trabalhos, de maneira a facilitar sua execução, tornando-os mais eficazes e, com isso, provocando uma redução de custos com o aumento da produtividade. Este estudo é aplicado e tem resultados satisfatórios em processo de produção por lote ou em massa, onde há um alto grau de repetição das tarefas e, consequentemente, alto nível de padronização.

Além de estudar os movimentos realizados pelos operadores em suas atividades, o estudo dos métodos também se preocupa com as disposições das máquinas e equipamentos, fluxos de materiais em processo, volume processado e o transporte destes dentro do centro de produção. Por este motivo, há uma relação estreita entre o estudo dos métodos e o projeto do arranjo físico. Em outras palavras, as ferramentas apresentadas no Capítulo 4 são uteis para entender os métodos de trabalho que, por sua vez, ajudam na definição do arranjo físico.

Slack, Brandon-Jones & Johnston (2015) propuseram seis etapas para o estudo do método. Aqui elas serão apresentadas junto a um exemplo de seu uso. Exemplificando o estudo dos métodos:

- 1º – Selecionar qual trabalho será estudado: lavar um automóvel por dentro e por fora.
- 2º – Registrar todos os fatos relevantes para o estudo do método: 1) ir até a lavanderia; 2) pegar os materiais

(pano, balde, detergentes etc.); 3) estacionar o automóvel de maneira que a mangueira o alcance, facilitando a lavagem; 4) abrir as portas; 5) retirar os tapetes; 6) lavar os tapetes; 7) aspirar o pó do assoalho do automóvel; 8) passar um pano no painel; 9) fechar as portas; 10) ligar a água; 11) molhar o automóvel; 12) desligar a água; 13) ensaboar o automóvel; 14) ligar a água; 15) enxaguar o automóvel; 16) desligar a mangueira; 17) abrir as portas; 18) colocar os tapetes novamente. Tempo total gasto: ± 45 minutos.

- 3° – Examinar esses fatores criticamente e na sequência: há muitas etapas de ligar e desligar a água, e uma reabertura das portas para colocar os tapetes.
- 4° – Desenvolver o método mais prático, econômico e efetivo: podemos perceber dois fatos que levaria **à** economia de tempo. (1) Se ao invés do uso de mangueira comum fosse usado um aspersor de água e sabão a jato, este molharia, ensaboaria e enxaguaria o automóvel, podendo desprezar algumas etapas desnecessárias de ligar e desligar a água. (2) Os tapetes deveriam ser recolocados antes de fechar as portas para lavagem da parte de fora. Desta forma, pode se economizar cerca de 20 minutos.
- 5° – Implantar o novo método: para implantar é necessário adquirir um aspersor a jato e o executor deve lembrar-se de recolocar os tapetes antes de fechar as portas para lavagem da parte externa.
- 6º – Manter o método pela checagem periódica dele em uso.

5.3.1.1 Diagramas de atividades

Diagrama (carta) de atividades, ou Diagrama Homem-Máquina é uma representação gráfica que envolve um ou mais operários, trabalhando em uma ou mais máquinas. Esse diagrama mostra as atividades isoladas do homem e da máquina e a proporção de tempo que ambos se encontram ativos ou esperando. Estas cartas são usadas para o estudo e o melhoramento da utilização de operador e recursos, além disso, as combinações dos conhecimentos de ergonomia ajudarão os profissionais da área na definição do melhor método (Martins & Laugeni, 2005). Usando como exemplo o processo de fazer café em máquina de cápsula (Quadro 6), podemos definir um diagrama Homem-Máquina como apresentado no Quadro 12.

Quadro 12: Diagrama Homem-Máquina.

Homem		Máquina	
Atividade	Tempo [seg.]	Atividade	Tempo [seg.]
Ir até armário	10	Parada	10
Pegar a capsula	1	Parada	1
Levar a capsula até a máquina	10	Parada	10
Abrir o compartimento, colocar a capsula e xícara	5	Parada	5
Ligar a máquina	1	Parada	1
Esperar máquina esquentar	20	Máquina esquentando	20
Apertar botão para iniciar	1	Parada	1
Esperar máquina fazer o café	20	Máquina fazendo o café	20
Retirar xícara	1	Máquina desligando	1

	Homem	Máquina
Tempo de Trabalho	29	
41		
Tempo de espera	40	28
Tempo total de ciclo	69	69

Atividade independente

Atividade combinada

Espera

Fonte: adaptado de Martins & Laugeni, 2005.

A partir da análise do diagrama Homem-Máquina é possível verificar potenciais melhorias nos métodos de trabalho. Um exemplo disso é apresentando no Quadro 13.

Quadro 13: Diagrama Homem-Máquina: melhoria.

Homem		Máquina	
Atividade	Tempo [seg.]	Atividade	Tempo [seg.]
Ligar a máquina	1	Parada	1
Ir até armário	10	Máquina esquentando	20
Pegar a capsula	1		
Levar a capsula até a máquina	10		
Abrir o compartimento, colocar a capsula e xícara	5	Parada	7
Apertar botão para iniciar	1		
Esperar máquina fazer o café	20	Máquina fazendo o café	20
Retirar xícara	1	Máquina desligando	1

	Homem	Máquina
Tempo de Trabalho	29	41
Tempo de espera	20	8
Tempo total de ciclo	49	49
% utilização	59,2%	83,7%

Atividade independente

Atividade combinada

Espera

Fonte: adaptado de Martins & Laugeni, 2005.

5.3.2 Medida do trabalho

A medida do trabalho preocupa-se com o estudo do tempo que deve despender a execução de trabalhos. Para isso é importante entender as definições de: *Lead Time, Takt time,* Tempo real, Tempo Normal, Tempo de Ciclo e Tempo Padrão (Barnes, 1977; Monden, 1998; Corrêa & Gianesi, 1993; Slack, Brandon-Jones & Johnston, 2015). Por meio do estudo da medida do trabalho é possível determinar vários indicadores na empresa, especialmente no que diz respeito ao planejamento da capacidade de produção/operação.

5.3.2.1 Lead time

O *lead time* é o tempo entre o recebimento de um pedido e a entrega ao cliente. Na manufatura mede o tempo total de transformação das matérias-primas e componentes em produtos acabados, incluindo:

- Tempo de processamento básico: inclui as paradas técnicas de inspeções, limpezas, ajustes e quebras de máquinas;
- Tempo de preparação de lote (*set-up*): tempo decorrido na troca do processo, que vai do final da produção de um lote até a produção da primeira peça boa de um próximo lote.
- Tempo de carga e descarga: é o tempo de posicionamento dos materiais para a execução de cada operação.
- Tempo de transporte: compreende o tempo de movimentação dos materiais entre etapas da produção.
- Tempo de estocagem: em função da formação de lote para o transporte e/ou aguardando o processamento.

5.3.2.2 Takt time

O *takt time* pode ser entendido como o tempo que rege o fluxo dos materiais em uma linha para a produção de uma unidade do componente ou produto acabado. Ele sempre será o tempo limite que um produto deve ser produzido, para que não haja atrasos nas entregas. Assim, é calculado pela relação entre o tempo de produção disponível e a demanda do cliente (Eq.1). Portanto, o *takt time* associa e condiciona o ritmo de produção ao ritmo de vendas (Monden, 1998).

$$Takt\ time = \frac{Tempo\ total\ disponível}{Demanda\ do\ cliente} \quad (1)$$

Por exemplo, um processo com tempo disponível de 7 horas (420 minutos) e uma demanda de 600 unidades, terá um *takt time* de 0,7 minutos por unidade. Em outras palavras, o processo precisa produzir uma unidade a cada 0,7 minutos para cumprir a demanda do cliente. Se o tempo de ciclo for maior que o *takt time, então* ajustes serão necessários para cumprir a demanda do cliente.

5.3.2.3 Tempo real

O tempo real é obtido diretamente da cronometragem da operação estudada. Suponha que uma tarefa foi dividida em quatro etapas (elementos) e o tempo (real) gasto por um trabalhador para realizar cada elemento foi cronometrado oito vezes cada, como apresentado na Tabela 2. O tempo médio (real) de cada etapa é dado pela Eq. (2).

$$t_m = \frac{\sum_{j=1}^{n} t_j}{n} \quad (2)$$

Em que,

tj = o tempo cronometrado da *j*-ésima medida, *j={1,2,...,n};*

n = a quantidade de medidas (cronometragens) do elemento, sendo *i={1,2. ..., k}*;

k = a quantidade de elementos (etapas).

Tabela 2: Tempos Cronometrados.

Etapas	Cronometragem (em minutos)								t_m
	1	2	3	4	5	6	7	8	
A	13	11	14	16	17	15	11	12	13,62
B	28	21	25	25	29	23	23	28	25,25
C	26	22	28	32	30	28	27	29	27,75
D	30	33	31	29	34	27	32	34	31,25

Fonte: a autora (2024).

5.3.2.4 Tempo normal

O tempo Normal (TN) é o tempo requerido para um operador completar a sua tarefa operando com velocidade normal. *Velocidade normal* é aquela que pode ser obtida e mantida por um trabalhador, de eficiência média, durante um dia típico de trabalho, sem fadiga indevida (Corrêa & Corrêa, 2022).

Para calcular o TN, primeiramente é preciso entender que os tempos médios obtidos estarão sujeitos a variações de ritmo do operador que está sendo cronometrado. O analista deverá estimar o quanto acima ou abaixo de um fator de ritmo de trabalho (f_r), considerado normal, o operador estava trabalhando durante a cronometragem. Para ajudar na definição deste ritmo de trabalho, ou velocidade do operador, o sistema *Westinghouse* utiliza quatro fatores para estimar a eficiência do operador cronometrado: habilidade, esforço, condições e consistência. Logo, para calcular o f_r utiliza-se a Eq. (3) (Barnes, 1977).

$$f_r = 1 + \sum V \qquad (3)$$

Em que:

V - Representa os valores de cada atributo, pelo Sistema *Westinghouse,* para avaliação do ritmo, encontrados diretamente na Tabela 3.

Tabela 3: Sistema *Westinghouse* para avaliação do ritmo.

Habilidade			**Esforço**		
Valor (V)	Código	Descrição	Valor (V)	Código	Descrição
+0,15	A1	Super hábil	+0,13	A1	Excessivo
+0,13	A2		+0,12	A2	
+0,11	B1	Excelente	+0,10	B1	Excelente
+0,08	B2		+0,08	B2	
+0,06	C1	Bom	+0,05	C1	Bom
+0,03	C2		+0,02	C2	
0,00	D	Médio	0,00	D	Médio
-0,05	E1	Regular	-0,04	E1	Regular
-0,10	E2		-0,08	E2	
-0,16	F1	Fraco	-0,12	F1	Fraco
-0,22	F2		-0,17	F2	
Condições			**Consistência**		
+0,06	A	Ideal	+0,04	A	Perfeita
+0,04	B	Excelente	+0,03	B	Excelente
+0,02	C	Boa	+0,01	C	Boa
0,00	D	Média	0,00	D	Média
-0,03	E	Regular	-0,02	E	Regular
-0,07	F	Fraca	-0,04	F	Fraca

Fonte: Barnes, 1977.

Assim, a análise do resultado se dá da seguinte maneira:

- Se $f_r = 1$ à Velocidade Normal;
- Se $f_r > 1$ à Velocidade Acelerada, ou seja, o operador cronometrado executou em um tempo , abaixo do normal. Por este motivo, deve ser acrescentado , ao tempo médio cronometrado;
- Se $f_r < 1$ à Velocidade Lenta, ou seja, o operador cronometrado executou em um tempo , acima do normal. Por este motivo, deve ser diminuído , ao tempo médio cronometrado.

Portanto, a determinação do tempo normal (TN) do elemento i (etapa) é feita por meio da correção do tempo médio (t_m) pelo fator de ritmo (f_r), conforme Eq. (4). Esse cálculo deve ser realizado para cada um dos k elementos do ciclo analisado.

$$TN_i = t_m \times f_r \quad (4)$$

Suponha agora que o analista definiu os fatores de ritmo de trabalho (f_r) apresentados na Tabela 4 para os elementos da Tabela 2. O resultado do tempo normal será conforme mostrado na Tabela 4.

Tabela 4: Fator de ritmo de trabalho e tempo normal.

Etapas (k)	t_m	f_r	TN
1	13,62	1,05	14,30
2	25,25	1,1	27,77
3	27,75	0,95	26,36
4	31,25	1,0	31,25

Fonte: a autora (2024).

5.3.2.5 Tempo de ciclo

O tempo de ciclo (TC) é o tempo necessário para se completar o ciclo de uma operação. A duração deste ciclo é dada pelo período transcorrido entre a repetição de um mesmo evento que caracteriza o início ou fim desse período, desprezando-se as paradas entre ciclos, provocadas por interrupções organizacionais. Quando analisada uma operação isolada, o TC é o tempo entre o início e o término da operação no posto. O TC é limitado pelo gargalo, ou seja, pelo recurso restritivo do processo produtivo. O tempo de ciclo é calculado pela Eq. (5).

$$TC = \sum_{i=1}^{K} TN_i \qquad (5)$$

Voltando ao exercício anterior, calculados os TN de cada elemento (Tabela 4), o TC será de 99,69 minutos. Na literatura é possível encontrar o uso do termo Tempo de Ciclo (TC) para determinar o tempo máximo disponível para a realização de um ciclo de atividade, de modo a realizar a produção desejada, como mostra a Eq. (6). É similar ao *Takt Time,* mas para a produção empurrada.

$$TC = \frac{\textit{Tempo total disponível}}{\textit{Produção programada}} \qquad (6)$$

Nos casos de produção mecanizada e/ou automatizada, o TC será a soma dos tempos de processamento das máquinas.

5.3.2.6 Tempo padrão

O tempo padrão é o tempo gasto por um operador qualificado e devidamente treinado, trabalhando em ritmo normal, para executar uma tarefa ou operação específica (Barnes, 1977). Em outras palavras é o tempo necessário para completar um ciclo de uma operação quando realizada com um dado método, em certa velocidade arbitrária de trabalho, com previsão de demoras e atrasos independentes do operador (Krick, 1976). A eficiência e os tempos padrões de produção são influenciados:

a. Pelo tipo do fluxo de material dentro da empresa;
b. Pelo processo escolhido;
c. Pela tecnologia utilizada;
d. Pelas características do trabalho que está sendo analisado.

Para a determinação do tempo padrão (TP) é necessária, primeiramente, a determinação do *tempo real* e o *tempo normal* para somente então, acrescentar as tolerâncias pertinentes àquela tarefa específica (Corrêa & Corrêa, 2022). Isso porque não é possível esperar que uma pessoa trabalhe sem interrupções o dia inteiro. Pausas para descanso, necessidades fisiológicas, alimentação, entre outras coisas, são necessárias. Assim, o Fator de Tolerância (FT) representa a proporção (%) do tempo de ciclo que engloba os consumos de tempo dos eventos diversos.

Assim, será possível definir com maior eficiência a real produtividade daquele processo. Por exemplo, se em um processo com turno de trabalho de 8 horas é dado 50 minutos de paradas para necessidades pessoais e fadiga, há uma tolerância de 480/(480 - 50 = 1,116, ou seja, um FT de 11,6%. Portanto, o cálculo do tempo padrão (TP) será dado pela Eq. (7).

$$TP = TC \times FT \qquad (7)$$

Para o caso ilustrado tem-se:

$TP = TC \times FT = 99{,}69 \times 1{,}11 = 111{,}25$ minutos.

Conhecidos os TP de todas as etapas é possível calcular, então, o tempo total do processo produtivo.

Observação:

Em processo automatizado os TPs são os tempos das máquinas, mais fáceis de calcular por não terem as variações de ritmo de trabalho e tolerâncias como ocorre com a mão de obra humana.

5.3.3 Projeto ergonômico

A ergonomia preocupa-se primariamente com os aspectos fisiológicos do projeto do trabalho, isto é, com o corpo humano e como ele se ajusta ao ambiente. Entender como os locais de trabalho afetam o desempenho, a fadiga, o desgaste e os danos físicos são parte da abordagem ergonômica do projeto do trabalho.

Primeiro, a ergonomia preocupa-se em como a pessoa se confronta com os aspectos físicos do seu local de trabalho, e isso inclui mesas, cadeiras, escrivaninhas, máquinas, computadores e assim por diante. Segundo, envolve como uma pessoa relaciona-se com as condições ambientais de sua área de trabalho imediata. Aqui estamos nos referindo às condições ambientais nas quais a pessoa trabalha. O trabalho deverá ser ajustado à pessoa em todos os aspectos, respeitando suas características e limitações relativas à **anatomia**, **fisiologia** e **psicologia** (Slack, Brandon-Jones & Johnston, 2015).

A **anatomia** diz respeito à adaptação entre as coisas e as pessoas que as usam dentro do ambiente de trabalho. As máquinas, os equipamentos e os dispositivos deverão ser projetados levando em conta as dimensões do corpo humano, garantindo que a postura, os movimentos e a força exigidos durante a operação respeitem as limitações do indivíduo. A ciência antropométrica fornece dados sobre as dimensões do corpo humano, em várias posturas. Não é uma tarefa fácil, pois os corpos são muito distintos, mas esse estudo é fundamental para evitar (minimizar) lesões e desconfortos no trabalho. O estudo antropométrico também é muito útil para o desenvolvimento de produtos, proporcionando uma experiência melhor ao consumidor.

A **fisiologia** trata dos impactos das condições físicas ambientais do trabalho sobre a segurança, a saúde, o conforto e o bem-estar. A temperatura ambiente, umidade, ruídos, vibrações e iluminação são fatores que deverão ser considerados no projeto. Cada tipo de trabalho exige um ambiente específico para proporcionar que o serviço seja bem executado. A iluminação que é ideal para o médico realizar uma cirurgia, por exemplo, poderia ser exaustiva para um terapeuta realizar sua consulta. A baixa temperatura, em uma sala de cirurgia, é necessária, devido à proliferação de bactérias, porém não pode ser baixa a ponto de causar tremedeira nas mãos do médico e sua equipe. Na construção civil é normal que o trabalho seja executado em temperatura ambiente, mas certamente a produtividade será maior quando a temperatura estiver em torno de 25ºC em vez de 40ºC.

Por fim, a **psicologia (ou ergonomia cognitiva)** diz que trabalhos diferentes requerem níveis distintos de atenção, de processamento de informação e de tomada de decisão. A partir do momento que entendemos isso, torna-se possível criar meios para minimizar erros, evitar acidentes etc. Como solução estão os sensores, sinais luminosos e sonoros, travas de segurança, entre outros aspectos.

Você sabia?

Os parâmetros mínimos da ergonomia dos ambientes de trabalho são normalmente regidos por legislação apoiada em normas técnicas e sujeitos à fiscalização dos órgãos do trabalho.

No Brasil, a Norma Regulamentadora NR 17 do Ministério do Trabalho e Emprego estabelece esses parâmetros. Evidentemente, os padrões estabelecidos pela legislação deverão ser sempre atendidos.

O gestor de operação deverá ter em mente, no entanto, que o atendimento ao mínimo exigido não é garantia de um bom projeto ergonômico.

A literatura sobre o tema é farta e existem várias entidades que se dedicam à ergonomia em todo o mundo. No Brasil, a Sociedade Brasileira de Ergonomia (ABERGO) é ótima referência.

5.3.3.1 Estudo ergonômico de um posto de trabalho

Esta seção apresentará o estudo ergonômico para um operário no posto de trabalho, onde se encontra a máquina denominada enfardadeira. Para isso, serão considerados a descrição da função do operário, sua tarefa, o esforço realizado, as áreas necessárias para realização do trabalho, as dimensões do equipamento, a frequência com que realiza esse esforço, e através de relações antropométricas destinará as dimensões e condições necessárias para que o posto de trabalho se adeque ao operário, preservando, assim, sua integridade.

Assim sendo, tem-se que:

- **Função do trabalho:** promover o transporte de fardos de arroz, que saem da enfardadeira, para o palete disposto no chão próximo a enfardadeira.
- **Função detalhada:** o operador ficará na posição de pé e deve pegar (agarrar) uma carga de 30kg da enfardadeira e colocá-la em um palete que está no chão próximo a enfardadeira. Essa configuração é sumarizada na Figura 34.

Figura 34: Dimensões da máquina enfardadeira.

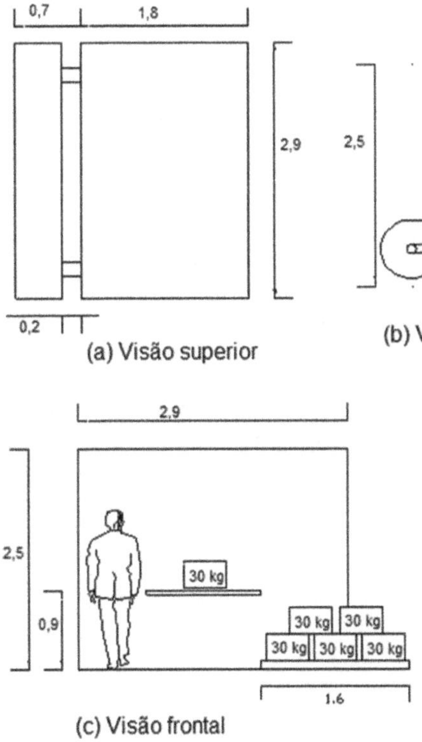

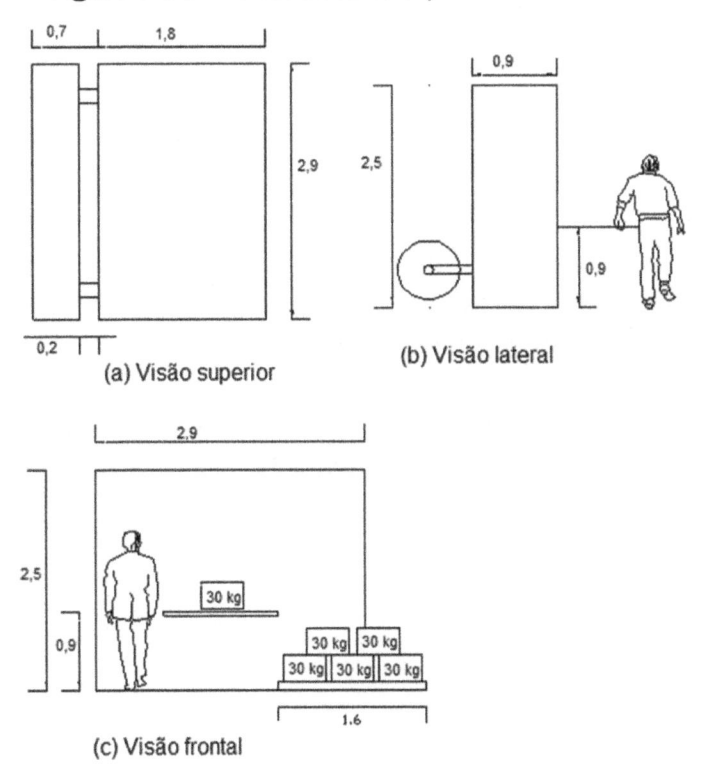

Fonte: a autora (2024).

Analisando esta situação e considerando as normas de segurança do trabalho (ver normas), podemos entender as seguintes condições para que o operador possa trabalhar com segurança (Iida, 1990):

- **Atribuição 1** - A carga não pode exceder os 30 quilos estipulados;
- **Atribuição 2** - Devido ao peso do produto e a posição do operador, que está em pé, a altura em que o operador pode agarrar a carga não deve ultrapassar os 90 centímetros;
- **Atribuição 3** - Devido ao peso, a distância máxima para que o operário possa transportar a carga é de 1,60 metros;
- **Atribuição 4** - O operador deve ter uma área livre com um raio estimado entre 60 e 80 centímetros para garantir a mobilidade com segurança;
- **Atribuição 5** - Periodicamente, este operário deve realizar revezamentos com outros operários que realizem tarefas com menor esforço.
- **Atribuição 6** - Respeitar os espaços para transporte de carga, manutenção, acessos de materiais e matéria-prima, e a área de segurança.

Considerando as exigências da atribuição 6, os espaços necessários são apresentados na Figura 35.

Figura 35: Template espaços para o equipamento enfardadeira.

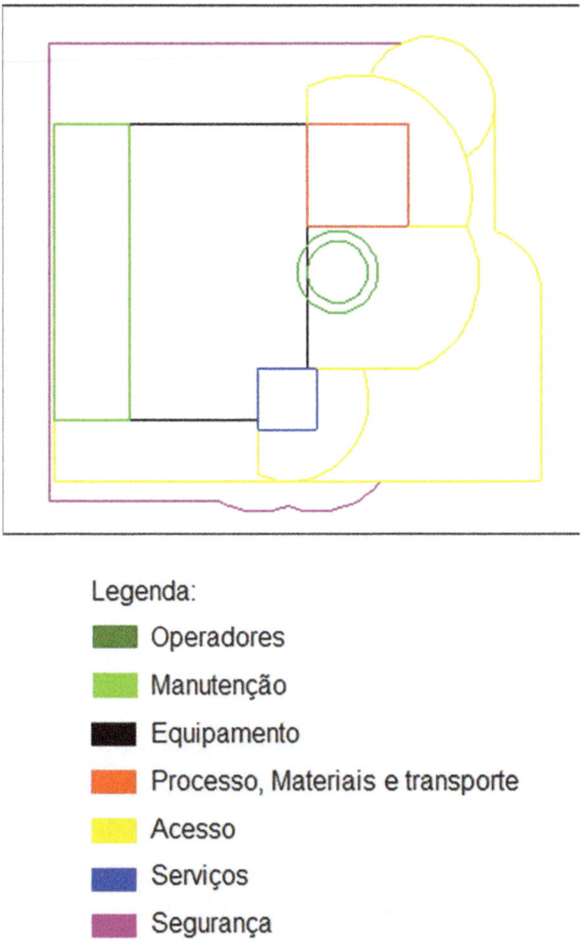

Fonte: a autora (2024).

ERGONOMIA É UMA QUESTÃO DE SAÚDE.

5.4 Abordagem comportamental

Relativos à **Teoria da Motivação** entendemos que o projeto do trabalho deveria levar em conta as necessidades de autoestima e desenvolvimento pessoal. Neste caso, a abordagem envolve dois estágios: (1) explorar como as várias características do trabalho afetam a motivação das pessoas; (2) explorar como a motivação individual para o trabalho afeta seu desempenho no serviço. Algumas formas de se obter melhores condições para o aumento da motivação e comprometimento das pessoas (Slack, Brandon-Jones & Johnston, 2015):

- **Alargamento do trabalho:** alocar um número maior de tarefas às pessoas **do mesmo tipo** daquelas do trabalho original, de modo a tornar o serviço mais completo e, portanto, mais satisfatório. Essa abordagem é contrária a divisão do trabalho na abordagem mecanicista;
- **Rotação do trabalho:** é uma versão complementar do alargamento do trabalho em que os trabalhadores trocam de tarefas (ou conjunto de tarefas) periodicamente para sair da monotonia;
- **Enriquecimento do trabalho:** alocar um número maior de tarefas às pessoas **diferentes** daquelas do trabalho original, que envolvam mais tomadas de decisão, maior autonomia e, como consequência, maior controle sobre o trabalho por parte do empregado.
- ***Empowerment*:** é uma extensão da característica de autonomia do trabalho, significa dar ao pessoal a autoridade para fazer mudanças no trabalho em si, assim como na forma como ele é desempenhado. Isto pode ser incorporado no trabalho em diferentes graus: envolvimento de sugestão, envolvimento do trabalho e alto envolvimento.

- **Trabalho em Equipe:** esse trabalho ocorre quando os funcionários, normalmente com habilidades justapostas, desempenham coletivamente uma tarefa específica e possuem alto grau de discrição sobre como, de fato, desempenhar a função. Tipicamente, a equipe teria controle sobre ações como: alocação de tarefas entre os membros da equipe, programação do trabalho, medida de qualidade e melhoria e, às vezes, sobre a contratação de pessoal.
- **Trabalho flexível:** três aspectos do trabalho flexível são significativos: a flexibilidade de horário, flexibilidade de habilidades (poder mudar de atividade devido às múltiplas potencialidades) e flexibilidade de localização (o teletrabalho, por exemplo).

Como seria a aplicação da técnica do empowerment nos cinco tipos de processo?

Sugestão de resposta:

Projeto: *as características de projetos são de diferenciação, longo prazo, geralmente complexos e não rotineiros. Isso propicia uma boa aplicação das técnicas de empowerment. Os empregados podem ter maior flexibilidade ao trabalhar, pois os prazos da execução das etapas são maiores que na linha de produção de produtos padronizados, por exemplo. O interessante é que o trabalho seja entregue na data acordada, não tendo um padrão a ser seguido. Etapas que envolvam grupos de pessoas devem ter uma coordenação, ou seja, menor autonomia dos integrantes.*

Jobbing: *neste caso, algumas atividades podem ter técnicas de empowerment, mas como ferramentas são compartilhadas pelos produtos, quanto mais um produto estiver sendo processado, maior deve ser a sincronia entre as atividades para que não haja atrasos nas finalizações e entregas.*

Lotes ou em batelada: *pelas características de produção, a alta autonomia pode custar a sincronização das etapas e atrasos no processo. Mas é possível certa autonomia em grupos multifuncionais. Por exemplo, em uma indústria de confecções, as costureiras podem trocar de funções dentro da produção, sem uma permissão prévia.*

Produção em massa e Contínuo: *em ambos a autonomia é muito difícil, pois cada etapa depende das anteriores e devem ser realizadas sequencialmente. Autonomias podem ocorrer nas gerências, controle de qualidade e projeto de novos produtos.*

5.5 Questões para discussão

1. Qual é a importância de definir a estrutura organizacional de uma empresa?
2. Compare estruturas organizacionais altas com as achatadas em termos de vantagens e desvantagens.
3. As principais estruturas organizacionais disponíveis são: Funcional, Divisional, Matricial, Horizontal e Radial. Defina cada uma.
4. Explique a diferença entre estrutura organizacional mecânica e orgânica.
5. Você acredita que o tipo de estrutura organizacional pode estimular mais o desenvolvimento de habilidades comportamentais do que habilidades técnicas e *vice-versa*? Justifique.

6. Qual a importância do estudo dos métodos de trabalho nos dias atuais?
7. Qual a importância da medida do trabalho nos dias atuais?
8. Por que estudar fatores ergonômicos no estudo de trabalho?
9. Qual a preocupação principal das abordagens comportamentais do trabalho?

REFERÊNCIAS

BARNES, R. M. *Estudo de movimentos e de tempos*: projeto e medida do trabalho. 6. ed. São Paulo: Edgard Blücher Ltda., 1977.

CABRAL-CARDOSO, C.; ESTÉVÃO, C. V.; SILVA, P. *Competências transversais dos diplomados do Ensino Superior*: perspectiva dos empregadores e diplomados. Guimarães: TecMinho, 2006.

CHIAVENATO, I.; SAPIRO, A. *Planejamento Estratégico*: Fundamentos e Aplicações da intenção aos resultados. 3. ed. Rio de Janeiro: Elsevier, 2016.

CORRÊA, Henrique L; CORRÊA, Carlos A. *Administração de produção e operações: manufatura e serviços*: uma abordagem estratégica. 4. ed. São Paulo: Atlas, 2022.

GARCÍA-ARACIL, Adela; MONTEIRO, Sílvia; ALMEIDA, Leandro S. *Students' perceptions of their preparedness for transition to work after graduation*. Active learning in higher education, v. 22, nº 1, p. 49-62, 2021.

GREAT PLACE TO WORK. *Soft skills* e *hard skills*: o que são e como desenvolver na sua empresa. Disponível em: <https://gptw.com.br/conteudo/artigos/*soft-skills-e-hard-skills*/>. Acessado em 28 de outubro de 2021.

IIDA, I., *Ergonomia: Projeto e Produção*, 8ª reimpressão. São Paulo: Edggard Blucher, 1990.

MAILOOL, Jefri *et al. Lecturers' Experiences in Teaching Soft Skills in Teacher Profession Education Program (TPEP) in Indonesia*. Problems of Education in the 21st Century, v. 78, nº 2, p. 215-234, 2020.

MARTINS, P. G. & LAUGENI, F. P. *Administração da produção*. 2. ed. São Paulo: Saraiva, 2005.

MONDEN, Y. *Sistema de produção Toyota*. 3rd ed. Tokio, Eng Mng P, 1998.

RAMOS, E., & BENTO, S. *As competências*: quando e como surgiram. Em M. Ceitil, Gestão e desenvolvimento de competências (p. 87-118). Lisboa, Portugal: Edições Sílabo, 2010.

SHARMA, V. *Soft Skills*: An Employability Enabler. IUP Journal of *Soft Skills*. 12(2), p. 25–32, 2018.

SLACK, N.; BRANDON-JONES, A.; JOHNSTON, R. *Administração da Produção*, 4. ed. Atlas, 2015.

SOBRAL, Felipe; Peci, Alketa. *Administração*: teoria e prática no contexto brasileiro. 2. ed. Pearson, 2013.

SOPA, Ardian *et al. Hard skills versus soft skills*: which are more important for Indonesian employee's innovation capability. International Journal of Control and Automation, v. 13, nº 2, p. 156-175, 2020.

VENANZI, Délvio; SILVA, Orlando Roque da. *Gerenciamento da Produção e Operações*. Grupo GEN, 2013.

VOLPE, Waini; DA SILVA, Alessandro Lucas; MAKIYA, Ieda Kanashiro; MANA, Renato. *Habilidades e competências do profissional para o ambiente da indústria 4.0*: uma revisão sistemática. In XXXV II Encontro Nacional de Engenharia de Produção, Joinville, SC, Brasil, 10 a 13 de outubro de 2017.

WORLD ECONOMIC FORUM (WEF). *The Future of Jobs Report 2020*. Global Challenge Insight Report: October 2020. Disponível em: <https://www.weforum.org/reports/the-future-of-jobs-report-2020>.

WRIGHT, P.; KROLL, M. J.; PARNELL, J. *Administração Estratégica*: Conceitos. São Paulo: Atlas, 2000.

6. PLANEJAMENTO E CONTROLE DA PRODUÇÃO

O Planejamento e Controle da Produção (PCP) desempenha um papel crucial na tomada de decisões organizacionais, visando a integração do gerenciamento de todas as atividades da empresa. O **Planejamento** da produção diz respeito à conciliação entre o que o mercado consumidor requer e o que as operações são capazes de oferecer ao menor custo possível. Como um plano não garante que um evento vá realmente acontecer, o **Controle** é o processo para lidar com as variações inerentes a todo sistema produtivo. Assim, o PCP planeja e controla os processos de fabricação de produtos (bens e/ou serviços), reduzindo a utilização de recursos necessários para a produção, incluindo o gerenciamento de materiais, programação de máquinas, mão de obra, bem como promove a integração eficaz e o relacionamento entre fornecedores, clientes e demais setores da empresa (Corrêa; Corrêa, 2022; Guerrini, 2019).

O que vamos ver neste capítulo:

- Níveis hierárquicos do PCP;
- Atividades do PCP;
- Sistemas puxados *versus* empurrados.

6.1 Níveis hierárquicos do PCP

O processo de tomada de decisão HOJE gera efeitos no FUTURO, em diferentes momentos (longo, médio e curto prazo), devido à complexidade das ações e/ou necessidade de recursos. Assim, os níveis hierárquicos do PCP estão associados ao tempo da seguinte maneira (Corrêa; Corrêa, 2022; Guerrini, 2019; Leme *et al.*, 2016; Miorando, 2018; Oliveira, 2014; Tubino, 2008): estratégico, tático e operacional.

O nível estratégico (nível macro dos processos – meses/famílias de produtos) envolve decisões de longo prazo que afetam a organização como um todo. Nesse nível são definidas as estratégias para atender as demandas do mercado e garantir a competitividade da empresa. Assim, são considerados aspectos como capacidade produtiva, localização das instalações fabris, estratégias de produtos e serviços, entre outros.

O nível tático (nível intermediário dos processos – semanas/produtos, componentes e matérias-primas) define os planos e as ações das atividades de médio prazo. Esse nível envolve a definição de políticas de produção, alocação de recursos, programação de produção e gestão de estoques.

Por fim, o nível operacional (nível micro dos processos – dias/operações) desempenha um papel fundamental na execução das atividades diárias e na gestão dos recursos no chão de fábrica, pois está relacionado à coordenação das operações de produção em tempo real, com foco na eficiência e no cumprimento dos planos estabelecidos nos níveis estratégico e tático. A eficácia do nível operacional do PCP está ligada à capacidade de transformar os planos em ações concretas, garantindo a otimização dos processos produtivos e a entrega dos produtos dentro dos prazos estabelecidos.

6.2 Atividades do PCP

O PCP tem como tarefa essencial o gerenciamento eficiente do fluxo de material, a utilização de pessoas e equipamentos e a capacidade de atender às necessidades dos clientes. A Figura 36 ilustra as atividades no contexto do processo global de planejar e controlar a produção.

A primeira informação que se deve obter é sobre qual é o sistema produtivo predominante na organização (vide seção 6.3). Essa informação é fundamental para delimitar as ferramentas e técnicas mais adequadas para as demais etapas do PCP. Depois disso, é necessário saber **QUANTO** a empresa planeja vender de seus produtos/serviços no futuro. A partir das informações de demanda (vendas), a produção deve planejar os recursos necessários para o atendimento desta previsão, ou não, uma vez que a empresa pode planejar não atender toda a demanda do mercado (vamos discutir melhor no capítulo 7).

Na etapa de planejar os recursos, os esforços se voltam **à** organização dos recursos internos ao atendimento, nas necessidades externas ao menor custo possível. O controle de estoque, propriamente dito, se inicia após a produção das unidades, mas decisões relativas ao tamanho de lote, tipo de sistema de controle e estratégias de atendimento das necessidades dos clientes alimentam todo o processo de PCP. O controle de estoque pode ser feito em três níveis: matéria-prima, produto em processo (*work in process* - WIP) e produto acabado. Este assunto será mais bem discutido no capítulo 9. Por fim, é importante programar a produção, especialmente em processo onde ocorre o compartilhamento de recursos entre produtos distintos.

Figura 36: Atividades gerais do PCP.

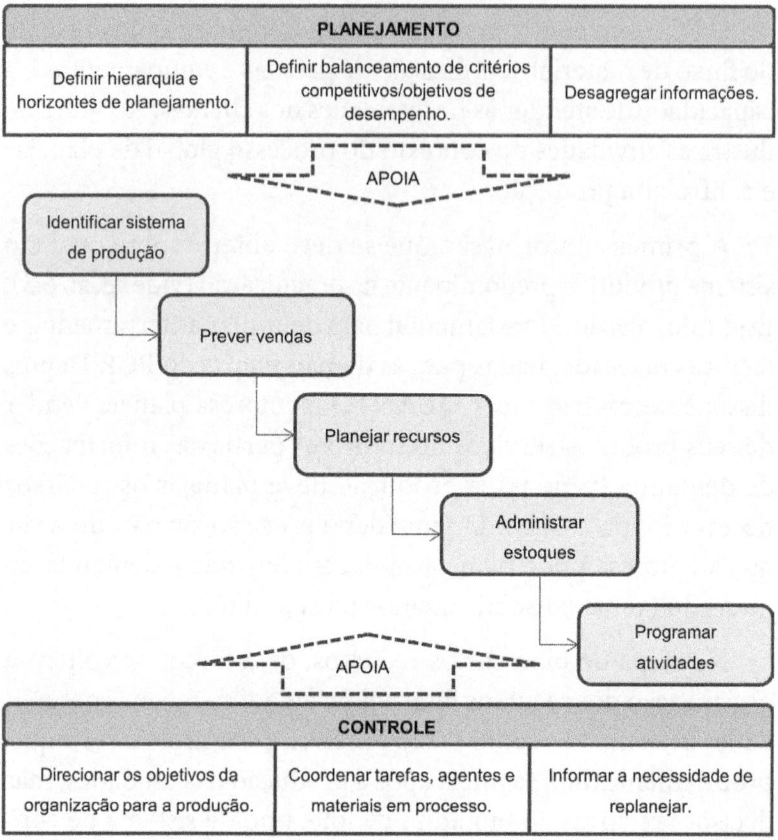

Fonte: Adaptado de Guerrini, 2019.

Para que todo esse processo seja capaz de prover bons resultados é importante realizar o acompanhamento e controle da produção, por meio da coleta e análise de dados e definição de ações corretivas, caso necessário.

6.3 Puxado ou empurrado?

No Capítulo 3 foi apresentada uma classificação para os sistemas produtivos pelo grau de influência do consumidor em: *Make-to-stock* (MTS – fabricar para estoque), *Assembly-to-order* (ATO – montagem por encomenda), *Make-to-order* (MTO – fabricação por encomenda), e *Engineer-to-order* (ETO – projeto por encomenda). Ainda podemos acrescentar: *Supply to stock* (STO – suprir para estoque) e *Buy to Order* (BTO – comprar por encomenda). Com essa classificação é possível verificar quando os processos produtivos são puxados pela necessidade da demanda ou empurrados pelo processo produtivo, como resume a Figura 37.

Figura 37: Puxado *versus* Empurrado.

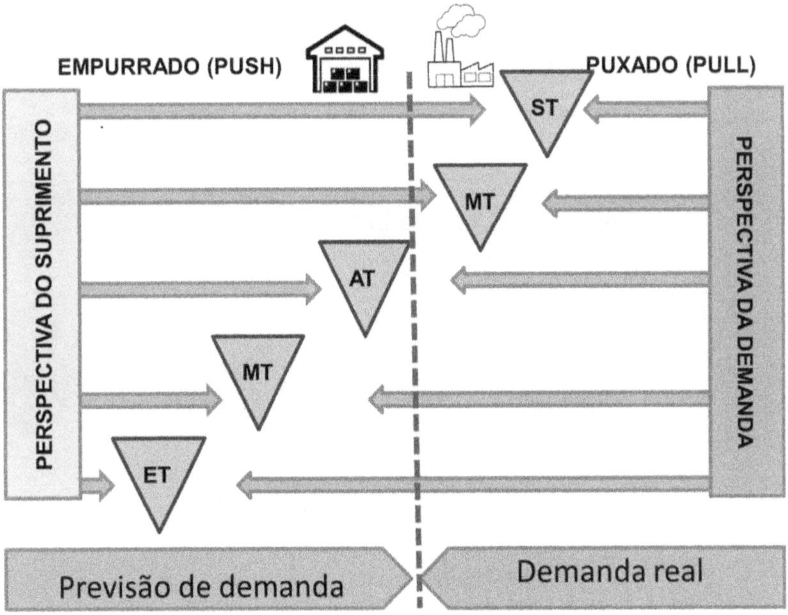

Fonte: adaptado de Corrêa & Corrêa, 2022 e Guerrini, 2019.

O sistema de produção empurrado (*push*) começa com a previsão de vendas, estabelece, assim, o processo de produção principal e depois implementa a gestão e o controle da produção. Este sistema tenta empurrar componentes e matérias-primas desde o início do processo de fabricação até o final, sem considerar a necessidade real dos clientes. São baseados na ideia de que é melhor antecipar as necessidades futuras de produção e preparar-se para elas. Neste caso, as operações são disparadas por três condições: 1) pela disponibilidade de material e componentes a processar; 2) pela disponibilidade dos recursos necessários; 3) pela exigência de uma ordem de produção. Sua vantagem é nivelar a capacidade do sistema de modo a maximizar a utilização do equipamento. Como desvantagem temos um aumento acentuado no estoque de produtos (Moreira, 2011; Slack, Brandon-Jones & Johnston, 2015; Zheng & Lu, 2009). Na Figura 38, Q_t^n é o volume de produção (quantidade) que o processo $n + 1$ empurra em direção ao processo, no momento t; *LTn* é o *lead time* de produção do processo n e I_t^n é o inventário (quantidade em estoque) do processo n, no momento t.

Figura 38: Sistema Empurrado – *Push*.

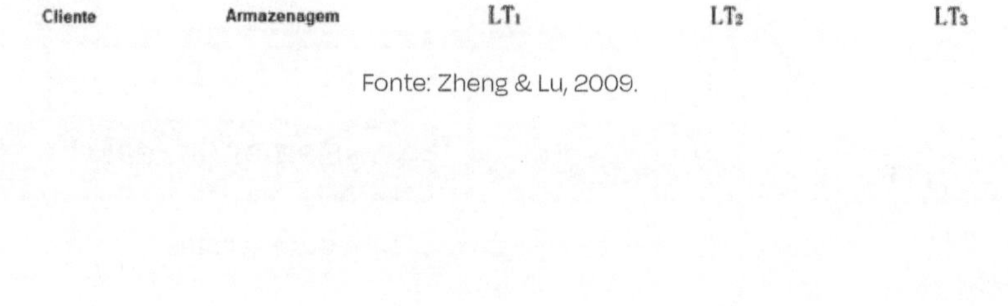

Fonte: Zheng & Lu, 2009.

O sistema de produção puxado (*pull*) é baseado nos pedidos do cliente. A Figura 39 ilustra um modelo de sistema de produção puxado, onde Q_t^n é o volume de produção que o processo $n - 1$ puxa do processo n, no momento t (Zheng & Lu, 2009).

Figura 39: Sistema Puxado – *Pull.*

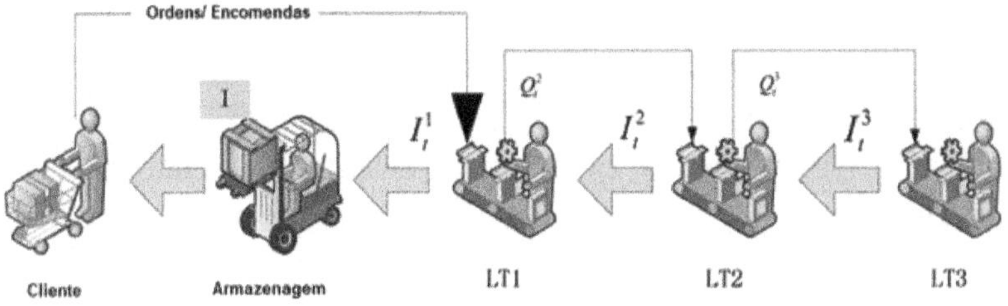

Fonte: Zheng & Lu, 2009.

O plano de produção é orientado pelos pedidos do cliente, o último processo retira os materiais do processo superior. Portanto, a fonte de informação está na fase final (como montagem da produção), cada processo puxa os materiais do processo anterior de acordo com suas necessidades (Zheng & Lu, 2009).

6.4 Etapas de planejamento

As etapas básicas de planejamento em sistemas produtivos empurrados são resumidas na Figura 40, com base nos trabalhos de Corrêa & Corrêa (2022) e Guerrini (2019).

O Planejamento da Capacidade em longo prazo (RRP - *Resource Requirement Planning*) define a capacidade instalada das operações (capítulo 7), enquanto o Planejamento das Vendas e Operações (S&OP - *Sales and Operations Planning*) define a capacidade em médio prazo, ao buscar emparelhar os recursos de produção com a demanda ao menor custo possível (capítulo 10).

Programação Mestre de Produção (MPS - *Master Production Scheduling*) determina quando e quanto de cada produto acabado será produzido (taxas de produção), compatibilizando a demanda com os recursos internos da empresa (capítulo 11). Uma vez estabelecido o MPS, o sistema produtivo assume compromissos de fabricação e montagem dos produtos e serviços. Durante sua execução, cabe ao PCP analisar as necessidades de recursos produtivos e identificar possíveis gargalos, que possam afetar a execução do plano em curto prazo. Assim, inicia-se o Planejamento de Requisitos de Materiais (MRP - *Materials Requirement Planning*) que determina a lista de materiais, os níveis de estoque e emite as ordens de compra das matérias-primas e de produção de componentes (capítulo 11). Caso sejam identificados obstáculos que comprometam a eficiência do plano, medidas preventivas devem ser tomadas para garantir sucesso na execução.

Por fim, o Sequenciamento e Programação da Produção (APS - *Advanced Planning Scheduling*) define a sequência das ordens de produção, de forma a otimizar a utilização dos recursos (capítulo 12). Se todas as necessidades de recursos foram devidamente providenciadas pelo plano de produção e os gargalos foram equacionados pelo MPS, a execução do programa de produção pode ocorrer sem interferências.

Figura 40: Etapas de planejamento em sistemas empurrados.

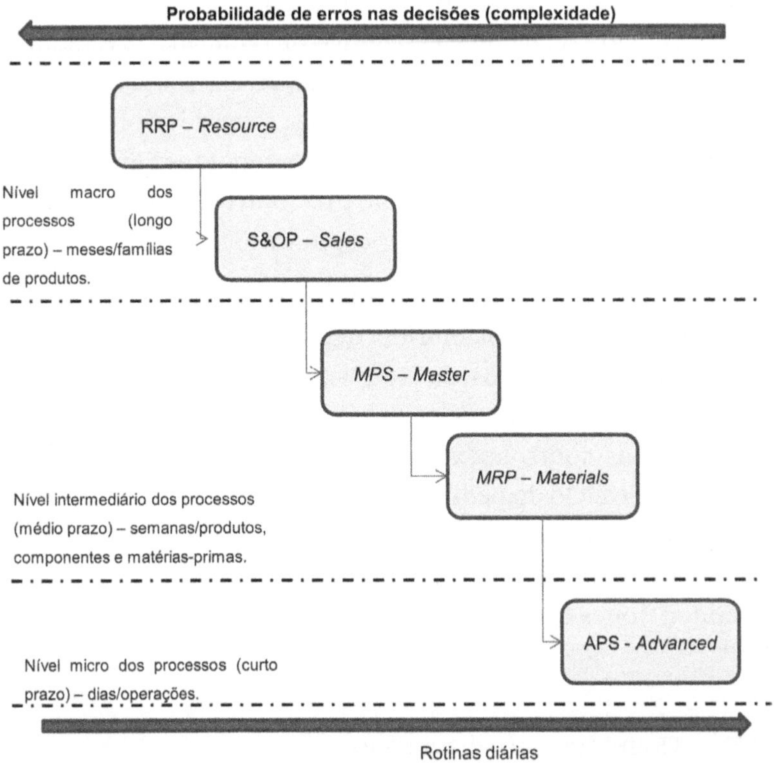

Fonte: adaptado de Guerrini, 2019 e Corrêa & Corrêa, 2022.

No caso de sistemas puxados, o MRP dá lugar ao sistema *Just in Time* (JIT) (capítulo 13). Em português, pode ser traduzido como "apenas a tempo", "justamente a tempo" ou, preferivelmente, "na hora certa". Muito confundido com a produção enxuta (*lean production*), o JIT surgiu no Japão, em meados da década de 70, na *Toyota Motor Company*. A empresa buscava um sistema de administração que pudesse coordenar precisamente a produção com a demanda específica de diferentes modelos e cores de veículos com o mínimo atraso (Slack, Chambers & Johnston, 2015). O material somente é processado se ele é requerido pela operação subsequente do processo. Se um sinal não é enviado, a operação não é disparada. O objetivo de redução dos estoques é atingido, principalmente, pela eliminação das causas geradoras da necessidade de se manter estoques: falta de coordenação e incertezas (Moreira, 2011; Slack, Brandon-Jones & Johnston, 2015). Neste caso, a Programação e o Controle da Produção são feitos por meio do Kanban (ver capítulo 13).

O JIT e o MRP podem ser combinados de diversas maneiras para formar um sistema híbrido, depende da complexidade das estruturas dos produtos, da complexidade de roteiros dos produtos, das características de volume-variedade das operações e do nível de controle exigido. Contudo, a previsibilidade da demanda e o ciclo do pedido determinam se deve ser produzido para estoque, através de processo empurrado, ou produzir contra pedido, através do processo puxado (Moreira, 2011; Slack, Brandon-Jones & Johnston, 2015).

6.5 Questões para discussão

1. Explique os níveis hierárquicos do PCP.
2. Explique as atividades principais do PCP e suas relações.
3. Explique a diferença entre sistemas puxados e empurrados.
4. Explique as etapas de planejamento em sistemas empurrados.

REFERÊNCIAS

CORRÊA, H. L. & CORRÊA, C.A. *Administração de Produção e de Operações*: manufatura e serviços: uma abordagem estratégica. Atlas, 2022.

GUERRINI, Fábio Müller. *Planejamento e controle da produção modelagem e implementação*. 2. ed. Rio de Janeiro: Elsevier, 2019.

MOREIRA, Daniel A. *Administração da produção e operações*. 2. ed. Revista e Ampliada. São Paulo: Pioneira, 2011.

SLACK, N.; CHAMBERS, S.; JOHNSTON, R. *Administração da Produção*. 4. ed. São Paulo: Atlas, 2015.

ZHENG, Ni; LU, Xiaochun. *Comparative study on push and pull production system based on Anylogic*. In: 2009 international conference on Electronic Commerce and Business Intelligence. IEEE, 2009. p. 455-458.

7. GESTÃO DA DEMANDA

Para oferecer alto nível de serviço aos clientes é fundamental que as empresas saibam utilizar as ferramentas disponíveis para conseguir antecipar a demanda futura com alguma previsão. Para fazer boas previsões é necessário conhecer bem os produtos e como são utilizados pelos clientes (Corrêa & Corrêa, 2022).

O que vamos ver neste capítulo:

- Conceito de demanda e vendas;
- Variabilidade da demanda;
- Métodos de previsão;
- Indicadores de adequação e desempenho das previsões.

7.1 Prever a demanda ou as vendas?

Demanda significa a quantidade de um bem ou serviço que os consumidores desejam adquirir por um preço definido em um mercado. A demanda pode ser interpretada como procura (intenção de consumo), mas não necessariamente como consumo, uma vez que é possível querer e não consumir um bem ou serviço, por diversos motivos.

Além disso, a demanda do mercado está "aberta" a todas as empresas que ofertam aquele bem ou serviço. Um produto básico como arroz, por exemplo, pode apresentar uma tendência de estabilidade de demanda no mercado, mas entre uma marca e outra, as vendas podem oscilar, devido, especialmente, as suas estratégias de preço e propaganda. Além da organização disputar parcelas de mercado com suas concorrentes, ela ainda pode optar por não atender toda a demanda. Produtos de luxo são característicos deste tipo de estratégia, em que a ideia de escassez do produto agrega ainda mais valor à marca.

Ademais, as empresas usualmente mantêm um histórico de vendas realizadas, mas poucas guardam informações sobre demandas não atendidas. Logo, é mais realista a empresa prever o quanto ela vai vender, com base no seu histórico de vendas, do que a demanda de mercado por seus produtos. Sendo assim, nos últimos anos, o termo previsão de demanda foi sendo gradativamente substituído por previsão de vendas, especialmente quando se usam projeções baseadas em dados de vendas passadas.

No entanto, não há problemas em usar o termo demanda desde que se tenha o entendimento da diferença entre demanda de mercado pelo produto x e a demanda do produto x_y, de uma empresa y. Neste sentido, prever as vendas (aqui entenda como demanda da empresa) significa um processo racional de busca de informações acerca do valor das vendas futuras de um item/conjunto de itens.

7.1.1 Demanda independente *versus* dependente

A Figura 41 ilustra que um mesmo item (neste caso o pneu) pode ter parte de sua demanda dependente (da produção de automóveis) e parte dela independente (reposição) (Bowersox; Closs, 2009).

Figura 41: Demanda Independente *versus* Dependente.

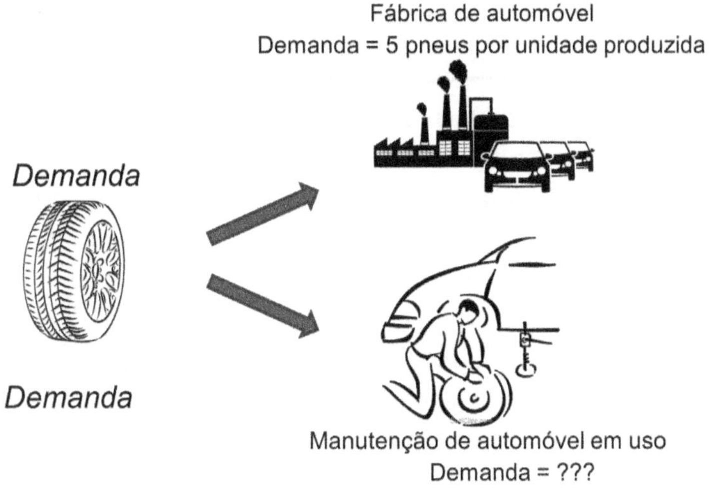

Fonte: adaptada de Corrêa & Corrêa, 2022.

Os itens de demanda independente são aqueles cuja demanda não depende do pedido (venda) de nenhum outro item, ou seja, aqueles que são vendidos diretamente ao cliente como produto acabado ou peça de reposição. A demanda estimada deste é inicialmente determinada por meio de previsões, levando em conta os níveis de estoque e as necessidades de planejamento.

Já os itens de demanda dependente são aqueles cuja demanda depende do pedido (venda) de algum(ns) outro(s) item(ns), ou seja, aqueles que suprem o processo de produção (componentes e matérias-primas). Neste caso, a demanda pode ser diretamente calculada considerando as previsões do(s) item(ns) de demanda independente associado.

7.2 Variabilidade da demanda

As flutuações (variabilidade) na demanda são governadas basicamente por (Moreira, 2011):

- **Tendências de Mercado:** caracteriza um comportamento padrão de crescimento, estabilidade ou redução na quantidade de demanda. Seu efeito é inerente ao crescimento populacional, mudanças de hábitos, envelhecimento da população, entre outros fatores;
- **Sazonalidade:** caracteriza um comportamento de picos e vales que se repetem em intervalos regulares dentro do ano. Eles ocorrem por diversos fatores inerentes ao tipo de produto, como, por exemplo, o pico de demanda em hotéis durante as férias escolares, as vendas de roupas por estações do ano, vendas de panetone ou ovos de Páscoa etc. Uma empresa pode apresentar sazonalidade em suas vendas, mesmo para um produto com consumo relativamente estável no mercado. Isso acontece, porque as vendas de uma empresa são influenciadas por diversos fatores, incluindo o efeito chicote (explicado na próxima seção);
- **Fatores cíclicos:** caracteriza um comportamento que ocorre em intervalos regulares, porém superior a um ano e/ou sem uma periodicidade determinada. Eles são mais difíceis de prever que os efeitos de sazonalidade e, normalmente, estão associados a fatores externos, fora do controle da empresa. Por exemplo, é de conhecimento popular que os eventos *El Niño* e *La Niña* ocorrem de forma alternada a cada 3-7 anos. Veja que não se sabe com precisão o intervalo. Estes eventos provocam grandes alterações no clima, afetando a oferta e demanda de diversos setores, em especial, no turismo. Outro exemplo são os resultados de eleições, especialmente para

presidência da república, que provoca especulações e alteração do câmbio, com efeito direto nas importações e exportações do país;

- **Fatores irregulares:** são fatores que ocorrem e alteram o cenário das empresas, mas não podem ser associados a nenhum efeito cíclico. Um exemplo disso são os pacotes econômicos, como o IPI reduzido, os efeitos da pandemia do COVID-19, entre outros.

As Tendências de Mercado e os efeitos de sazonalidade são diretamente influenciados pela empresa e pode ser previsto, com margem de erro aceitável, usando os métodos de previsão tradicionais, explicados na sequência deste capítulo. Já os efeitos cíclicos e randômicos são mais difíceis de prever, normalmente são associados à previsão por especialistas naquele efeito, mas ainda são complexos de atribuí-los a produtos específicos e em métodos quantitativos de previsão. Não são impossíveis, mas são complexos e pouco usuais em decisões de médio e curto prazo.

7.2.1 Efeito chicote

O efeito chicote diz respeito à amplificação da variância das informações da demanda, à medida que elas se propagam no sentido montante da cadeia de suprimento (CS) com o consequente aumento dos estoques ao longo da CS. O efeito chicote tem 4 causas básicas (Bowersox & Closs, 2009; Pires, 2016):

1. **Atualização da demanda**: a amplificação da demanda começa quando o varejista ajusta seus pedidos com base nos dados da demanda, e ela se propaga a cada tomada de decisão no sentido montante da CS. Um exemplo é o estoque de segurança sendo calculado por todos os

elos da cadeia, onde a única variabilidade real é a do consumidor final. Essa causa salienta a importância dos membros da CS dividirem cada vez mais informações sobre a demanda real.

2. **Jogo do racionamento:** quando a demanda excede sua oferta, os produtores geralmente racionam o oferecimento de seus produtos aos clientes, liberando a eles apenas uma quantidade proporcional à quantidade demandada. Por exemplo, se o total ofertado for somente 50% do total demandado, todos os clientes recebem 50% do que pediram. Sabendo disso, os compradores costumam exagerar na determinação de suas necessidades, na hora de colocar os pedidos ao produtor. Posteriormente, quando a demanda acalma, esses clientes tendem a reduzir ou cancelar as quantidades antes solicitadas. Um efeito similar ocorreu no início da pandemia do COVID-19, onde supermercados restringiram a quantidade de unidades que cada cliente poderia adquirir de determinados itens, levando muitos indivíduos a adquirirem mais do que o necessário naquele momento, imaginando que em momentos futuros não conseguiriam encontrar mais do produto ou por medo de uma eventual elevação no preço (o que aconteceu em vários momentos).

3. **Processamento de ordens**: refere-se à amplificação da demanda causada pelas políticas de dimensionamentos de ordens em cada elo da CS, em especial no uso do chamado lote econômico (estudaremos lote econômico no capítulo 9).

4. **Variação de preços**: As flutuações de preço de origem macroeconômica e política, bem como as promoções de vendas, acabam causando uma variação de preços ao longo da CS, o que influencia diretamente os processos

de tomada de decisão na gestão da demanda dela. Por exemplo, a promoção de certos itens, como bebidas, pode influenciar o aumento do consumo, consequentemente as vendas. Porém, uma promoção de xampu vai apenas deslocar a demanda de um período para outro, pois o consumidor não vai gastar mais do produto (lavar mais o cabelo). Portanto, no período seguinte a venda cairá. É importante que a empresa compreenda esse efeito para o seu produto e use a estratégia de maneira correta.

7.3 Métodos de previsão

Há dois fatores principais que influenciam os métodos de previsão (Moreira, 2011). O primeiro está relacionado à disponibilidade de dados, tempo e recursos. Um produto novo, em fase de projeto e/ou lançamento, não apresenta disponibilidade, ou seja, dados numéricos de vendas passadas para embasar as previsões. Um produto lançado recentemente, provavelmente, não apresentará dados suficientes e/ou confiáveis para realizar as previsões (disponibilidade e tempo). A empresa pode dispor ou não de recurso humano ou de capital para realizar as previsões.

Outro fator relevante é o horizonte de previsão desejado. A chance de erro nas previsões será maior, tanto quanto maior for o horizonte de previsão. Porém, previsões a logo prazo (6 meses a 1 ano) são fundamentais para decidir sobre investimentos nas organizações. Para cada uma das situações há métodos mais adequados. Contudo, todos os métodos partem do pressuposto de que o comportamento do passado é a base para se inferir sobre o comportamento do futuro. Imagine o que poderia acontecer com uma fábrica de disquete se ela levar ao "pé da letra" essa afirmação? No curto prazo seria uma boa simplificação, mas devemos estar cientes de que o processo evolutivo do mercado deve ser sempre levado em consideração.

> *O comportamento em relação às vendas, no passado, é um ótimo início para as previsões, mas outros fatores, em sua maioria, subjetivos, devem ser considerados, especialmente a logo prazo.*

Os métodos de previsão podem ser classificados em dois tipos básicos: qualitativos e quantitativos.

7.3.1 Métodos qualitativos

Os **métodos qualitativos** são baseados em julgamentos de pessoas que, de forma direta ou indireta, tenham condições de opinar sobre a demanda futura, tais como gerentes, vendedores, clientes, fornecedores, consultores, especialistas, pesquisadores (Moreira, 2011). Estes são muito úteis quando há ausência de dados históricos, ou dados não confiáveis. Sendo assim, muito usado na tomada de decisão, quando não se tem dados preliminares, como no lançamento de um novo produto. Desta forma, o horizonte de previsão tende a ser de longo prazo.

Um método muito famoso é o Método Delphi, que consiste na reunião de um grupo de pessoas que devem opinar sobre certo assunto, dentro de regras determinadas para a coleta e a depuração das opiniões. O comitê é formado, inicialmente, com as pessoas que participarão do processo. Esses participantes, evidentemente, são especialistas no assunto em pauta e/ou em assuntos correlatos e não têm vínculo direto com a empresa, o que permite obter opiniões pessoais sem que haja interação dentro do grupo, pois isso poderia distorcer os resultados. Entretanto, o método é muito sensível à qualidade do instrumento de coleta de opinião. Como o contato pessoal é evitado, não há mecanismos para debater sobre a eventual ambiguidade de algumas questões.

7.3.2 Métodos quantitativos

Os **métodos quantitativos** são aqueles que utilizam modelos matemáticos para chegarem aos valores previstos, e, para isso, exigem informações quantitativas preliminares. Aplicados para decisões de produção já praticada, em geral, é usado para um espaço curto de tempo. Há duas categorias principais de métodos (Moreira, 2011):

1. **Método causal:** a demanda de um item ou conjunto de itens está relacionada a uma ou mais variáveis internas ou externas à empresa. O que determina a escolha de uma particular variável causal para a previsão da demanda é a sua ligação com essa última (correlação).
2. **Séries temporais:** aqui se espera que o padrão observado de demandas anteriores (histórico de vendas) forneça informação adequada para a previsão de valores futuros. Enquanto o método causal utiliza uma variável que explica a variável de interesse, aqui se usa uma serie temporal de valores da própria variável de interesse. Neste livro vamos focar nesta categoria de métodos, subdividida em: (a) Modelo de decomposição das séries temporais e (b) Método das médias.

Resumindo, na prática os métodos qualitativos e o método causal parecem adaptar-se melhor às previsões de médio (1 a 2 anos) e longo prazo (2 a 10 anos), devido à ausência de informações da variável de interesse. Aqui eles não fornecerão valores exatos, mas apontarão para uma tendência bastante útil para o planejamento da empresa. Com isso, a margem de erro é, normalmente, muito maior do que nos métodos de série temporais.

Assim, as análises de série temporais, particularmente pelos métodos das médias, parecem se adequar mais a precisões de curtíssimo prazo, ou seja, o próximo mês, com a exceção de média exponencial que pode prever até um ano. Modelo de decomposição das séries temporais são indicados para um curto e médio prazo (6 meses a 1 ano).

Contudo, recomenda-se testar vários modelos para encontrar o mais adequado. Uma vez escolhido, deve-se mantê-lo sob controle, de maneira a efetuar correções no menor prazo possível (seção 7.4).

7.3.2.1 Modelo de decomposição das séries temporais

Aqui as previsões serão realizadas multiplicando-se duas variáveis: Tendência (T) e Sazonalidade (S). A primeira etapa é encontrar a equação da reta que definirá a tendência. Depois disso, a partir de uma série de vendas passadas, uma regressão linear deverá ser feita. Para isso, recomenda-se o uso do método dos mínimos quadrados (MMQ) (Corrêa & Corrêa, 2022; Moreira, 2011).

Método dos Mínimos Quadrados (MMQ)

Seja:

a - ordenada correspondente a $X = 0$;

b - coeficiente angular da reta.

Os parâmetros a e b devem ser tais que o erro total $\sum (Y_i - \hat{Y}_i)^2$ seja o mínimo possível.

Através do desenvolvimento da fórmula do erro total e posterior derivação, chega-se as chamadas equações normais:

$$\begin{cases} \sum Y = na + b\sum X \\ \sum XY = a\sum X + b\sum X^2 \end{cases}$$

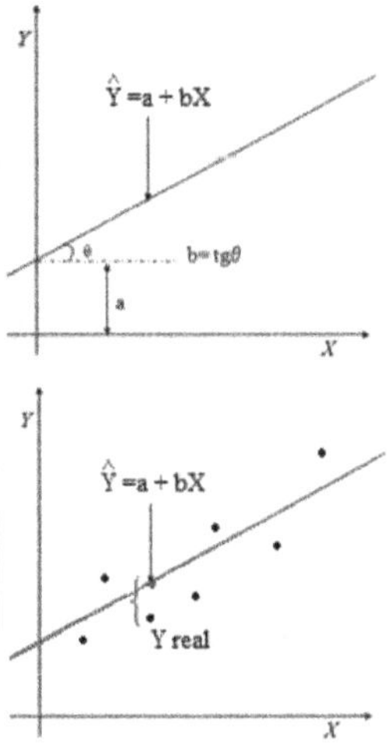

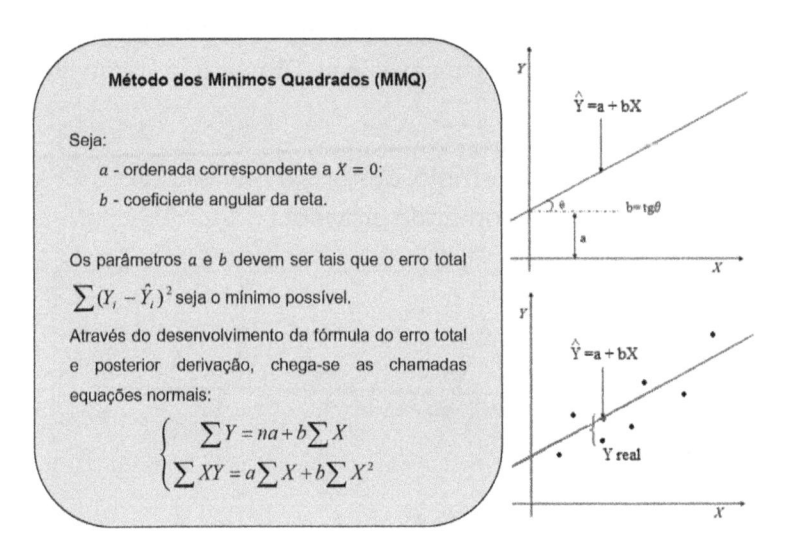

Para ilustrar, vamos usar a série temporal das vendas efetuadas de determinado produto, durante um ano, apresentada na Tabela 5. Aplicando o método dos mínimos quadrados (MMQ) temos $a = 157{,}94$ e $b = 1{,}3427$. Sendo assim, a equação linear da reta será dada por Eq. (1):

$$Y = 1{,}3427X + 157{,}94 \qquad (1)$$

Tabela 5: Exemplo: Série temporal.

n	Período	Quantidade	*N*	Período	Quantidade
1	Janeiro	95	7	Julho	132
2	Fevereiro	104	8	Agosto	141
3	Março	227	9	Setembro	299
4	Abril	282	10	Outubro	292
5	Maio	117	11	Novembro	90
6	Junho	135	12	Dezembro	86

Fonte: adaptado de Fontana & Gerreiro, 2010.

A Figura 42 apresenta o comportamento dos valores reais (azul) e dos valores previstos pela equação da reta (vermelho).

Figura 42: Exemplo: demanda real *versus* demanda prevista.

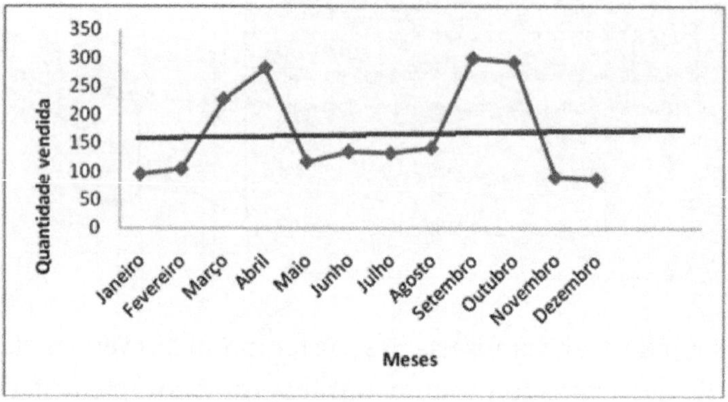

Fonte: adaptado de Fontana & Gerreiro, 2010.

Evidentemente que está havendo algum efeito de sazonalidade nesta série temporal, de modo que um estoque baseado na média da previsão pode levar ao acúmulo de estoque em alguns períodos e falta do produto em outros. Para a mensuração da incerteza causada por essa variabilidade na previsão, calcula-se a **razão da previsão** (Rp), definida pela Eq. (2):

$$Rp = \frac{Demanda\,real}{Previsão\,de\,demanda} \quad (2)$$

Assim, um Rp menor que 1 indica que a demanda esteve abaixo da previsão, enquanto um Rp maior que 1 indica uma demanda acima do previsto. A Tabela 6 apresenta os resultados da Rp para o exemplo proposto. A razão de previsão é chamada por alguns autores como a razão da tendência da demanda. Isso porque os valores de equação da reta representarão a tendência ($\hat{Y}=T$), que, no caso ilustrado, mostra uma estabilidade justamente pela presença do efeito de sazonalidade (S).

Para verificar o efeito de sazonalidade recomenda-se, primeiramente, realizar uma inspeção visual no gráfico dos valores reais (**CASO a**) e entender o comportamento entre picos e vales. Apenas observado a Figura 42 é possível visualizar dois movimentos completos, dando a impressão de que os 6 últimos meses do ano (julho a dezembro) repetem a tendência dos 6 primeiros (janeiro a junho). Assim, o índice de sazonalidade (S) será dado pela média da razão de previsão (Rp) dos períodos ditos com mesmo efeito sazonal. Como exemplo temos a Eq.(3):

$$S_1 = \frac{Rp_{janeiro} + Rp_{julho}}{2} = \frac{(0,591 + 0,783)}{2} = 0,687 \qquad (3)$$

Agora observando os valores da razão de previsão, da Tabela 6, observa-se que há três movimentos similares (**CASO b**): 1) janeiro, fevereiro, novembro e dezembro; 2) março, abril, setembro e outubro; 3) maio, junho, julho e agosto. Aqui a média será entre 4 meses, como mostra a Eq.(4):

$$S_1 = \frac{Rp_{janeiro} + Rp_{fevereiro} + Rp_{novembro} + Rp_{dezembro}}{4} = \qquad (4)$$

$$\frac{(0,591 + 0,642 + 0,517 + 0,490)}{4} = 0,560$$

Tabela 6: Exemplo: Modelo de decomposição das séries temporais.

Período	Real (Y)	Tendência (T)	Rp	Previsão (a)			Previsão (b)		
				Efeito	Sazonalidade (S)	T*S (a)	Efeito	Sazonalidade (S)	T*S (b)
JAN	95	160,62	0,591	1	0,687	110,35	1	0,560	89,947
FEV	104	161,97	0,642	2	0,736	119,16	1	0,560	90,703
MAR	227	163,31	1,390	3	1,567	255,97	2	1,634	266,97
ABR	282	164,65	1,713	4	1,702	280,19	2	1,634	269,16
MAI	117	165,99	0,705	5	0,611	101,42	3	0,781	129,64
JUN	135	167,34	0,807	6	0,649	108,53	3	0,781	130,69
JUL	132	168,68	0,783	1	0,687	115,88	3	0,781	131,74
AGO	141	170,02	0,829	2	0,736	125,09	3	0,781	132,79
SET	299	171,36	1,745	3	1,567	268,60	2	1,634	280,13
OUT	292	172,71	1,691	4	1,702	293,90	2	1,634	282,34
NOV	90	174,05	0,517	5	0,611	106,34	1	0,560	97,468
DEZ	86	175,39	0,490	6	0,649	113,75	1	0,560	98,218

Fonte: adaptado de Fontana & Gerreiro, 2010.

Por fim, a previsão será dada pela multiplicação entre o valor de tendência (T) e da sazonalidade (S). Isso significa que os valores da equação da reta serão corrigidos pelo efeito sazonal. A Figura 43 compara as duas correções de previsão apontadas na Tabela 6.

Figura 43: Exemplo: comparação entre efeitos sazonais.

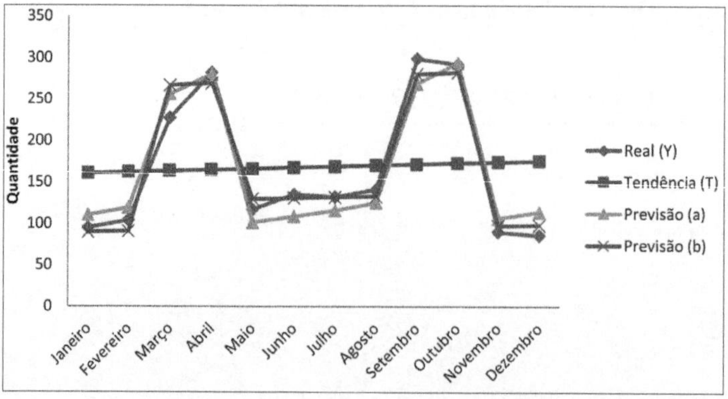

Fonte: adaptado de Fontana & Gerreiro, 2010.

Note que os valores da previsão corrigida acompanham melhor os valores reais nos dois casos analisados. E qual destas previsões (a ou b) é a melhor? Para responder a essa pergunta precisamos analisar do **indicador de adequação** (seção 7.4).

7.3.2.2 Método das médias

A previsão é feita por algum tipo de média que leva em consideração valores de vendas passadas (valor real). As médias são móveis, ou seja, a cada nova previsão são abandonados os valores mais antigos da demanda real e incorporados os novos. As principais médias são: (a) Média Móvel Simples (MMS); (b) Média Móvel Ponderada (MMP), (c) Média Móvel Exponencial Ponderada de 1ª ordem (MMEP1), (d) Média Móvel Exponencial Ponderada de 2ª ordem (MMEP2) e (e) Previsão Corrigida das Médias Móveis Exponenciais Ponderadas (Dc) (Moreira, 2011).

Suponha os valores de venda real de janeiro a junho dados na Tabela 7.

Tabela 7: Exemplo: Método das médias.

Período	N	Real (Y)	MMS	MMP	MMEP1* D	MMEP2* D'	Dc
Janeiro	1	15			15	15	
Fevereiro	2	17			15	15	
Março	3	19			15,6	15	
Abril	4	21			16,62	15,18	
Maio	5	23			17,93	15,61	
Junho	6	25			19,45	16,31	
Julho	**7**	**-**	**23**	**23,6**	**19,45**	**16,31**	**22,59**

$*\alpha=\beta=0,3$.

Fonte: adaptado de Moreira, 2011.

Considere que a MMS e a MMP é dada pela análise dos últimos 3 meses. Para prever as vendas do mês de julho tem-se:

$$MMS_{julho} = \frac{21+23+25}{3} = 23 \quad (5)$$

$$MMP_{julho} = (21\times0,2)+(23\times0,3)=(25\times0,5)=23,6 \quad (6)$$

Note que a soma dos pesos na MMP deve sempre ser igual a 1. Além disso, os valores mais recentes podem revelar alguma tendência e recebem maior importância. Para o caso, o mês de junho recebeu maior peso. Em ambos os casos, quanto maior o valor de *n*, mais os efeitos da sazonalidade são suavizados, o que não é aconselhado. Já para o cálculo das Médias Móveis Exponenciais Ponderadas temos que:

$$MMEP_1 \rightarrow D_n = D_{n-1} + \alpha\left(Y_{n-1} - D_{n-1}\right) \quad (7)$$

$$MMEP_2 \rightarrow D'_n = D'_{n-1} + \beta\left(D_{n-1} - D'_{n-1}\right) \quad (8)$$

Onde:

D_n e D'_n representam o valor previsto no período n de interesse pelas MMEP1 e MMEP2, respectivamente;

D_{n-1} e D'_{n-1} representam o valor previsto no período $n - 1$ pelas MMEP1 e MMEP2, respectivamente;

Y_{n-1} representa o valor real no período $n - 1$;

α e β representam os coeficientes de suavização ou de alisamento do efeito sazonal (fração de erro) para MMEP1 e MMEP2, respectivamente.

A escolha dos valores de α e β depende do erro obtido entre os valores de demanda originais e previstos, para o mesmo instante de tempo. Aqui eles executam a mesma função do índice de sazonalidade (S), no método de decomposição de séries temporais.

Observação: *A escolha entre os métodos da média e/ou entre os diferentes valores para* α *e* β *deve ser feita por meio da análise do* **indicador de adequação** *(seção 7.4).*

Devido ao coeficiente de suavização, diferentemente da MMS e MMP, essas médias precisam ser calculadas desde o primeiro valor disponível, normalmente 6 a 8 valores (*n*). A MMEP2 tende a suavizar ainda mais o efeito sazonal, uma vez que dois coeficientes de suavização foram aplicados. Contudo, seu cálculo é útil para corrigir a previsão (Dc). Isso porque, idealmente deveríamos ter $(Y_n - D_n) = (D_n - D'_n)$. Assim sendo, tem-se que $Yn = (D_n - D'_n) + D_n \rightarrow 2D_n - D'_n = Dc_n$.

Nos métodos das médias as vendas crescentes (ou decrescentes) sempre resultarão em previsões abaixo (ou acima) do valor real. Por este motivo, essas médias são recomendadas para situações em que as vendas (demanda) sejam estacionárias, ou seja, oscilam pouco e não sofrem efeitos de sazonalidade.

Além disso, só é possível prever um período à frente através das médias. Na prática é muito útil para desagregar a previsão que foi incorporada. Por exemplo, em janeiro um restaurante de *fast food,* por meio de um método de decomposição de séries temporais (MDST), fez uma previsão de venda de 100 hambúrgueres para o mês de julho. Essa previsão é mais robusta e complexa, servindo para realizar todo o planejamento de recursos necessários (Planejamento de Vendas e Operações). Quando estiver finalizando o mês de junho, o gerente será capaz de estimar com maior exatidão a demanda por tipo de hambúrgueres utilizando um dos métodos das médias que é mais simples e a informação será útil para realizar a compra dos ingredientes para cada tipo de hambúrgueres (planejamento de recursos).

7.4 Indicadores de adequação e desempenho das previsões

Há duas classes de indicadores de controle do erro nas previsões quantitativas para as séries temporais (Moreira, 2011): aqueles que verificam a **adequação** de um modelo de previsão e aqueles que acompanham o **desempenho** de um modelo já escolhido.

7.4.1 Indicadores de adequação

Como visto na seção 7.3, vários métodos e/ou coeficientes (sazonalidade (S), ou) podem ser usados para as previsões. E qual deles é o melhor? Para responder a essa questão deve-se calcular o índice de adequação.

No modelo de decomposição de séries temporais faz-se uso do **Erro padrão da Estimativa** (S_y). Esse erro padrão é o desvio padrão da distribuição dos estimadores em diversas amostragens, conforme Eq. (9). A determinante principal da precisão é a quantidade de dispersão na população: quanto maior a dispersão, menor a precisão das estimativas. Esse erro é responsável pela determinação do intervalo de confiança, na qual se espera encontrar a demanda prevista.

$$S_y = \sqrt{\frac{\sum (Y-\hat{Y})^2}{n-2}} \qquad (9)$$

Para os casos da Figura 43 tem-se que: S_{ya} = 21,746 e S_{yb} = 16,926. Portanto, a previsão (b) deve ser escolhida, pois apresenta menor erro de previsão.

Para os métodos das médias usa-se o **Desvio Absoluto médio** (MAD) pela Eq.(10). Considerando os valores anteriores (Tabela 7), a Tabela 8 resume o cálculo do MAD para os métodos MMEP1, MMEP2 e Dc.

$$MAD = \frac{\sum |Y - D|}{n} \quad (10)$$

Tabela 8: Exemplo: Desvio Absoluto médio dos métodos da média.

Período	*n*	**Real (Y)**	**MMEP1 D**	**MMEP2 D'**	**Dc**	**Y-D**	**Y-D'**	**Y- Dc**
Janeiro	1	15	15	15	15	0	0	0
Fevereiro	2	17	15	15	15	2,00	2,00	2,00
Março	3	19	15,6	15	16,2	3,40	4,00	2,80
Abril	4	21	16,62	15,18	18,06	4,38	5,82	2,94
Maio	5	23	17,93	15,61	20,25	5,07	7,39	2,75
Junho	6	25	19,45	16,31	22,59	5,55	8,69	2,41
					MAD*	**3,40**	**4,65**	**2,15**

* Aqui o MAD é calculado apenas no final. Neste caso n=6.
Fonte: adaptado de Moreira, 2011.

Neste caso o método escolhido seria a previsão corrigida (Dc). O mesmo tipo de análise deve ser realizado para determinar o melhor valor para α e β.

7.4.2 Indicadores de desempenho

Uma vez escolhido o método de previsão é importante acompanhar seu desempenho, pois com o passar do tempo ele pode se mostrar ineficiente. Para isso, o método utilizado é a **Medida do Viés da Previsão** (MVP) pela Eq. (11).

$$MVP = \frac{\sum(Y - D)}{n} \tag{11}$$

Note que é o mesmo cálculo do MAD, mas sem o módulo, sendo possível verificar que existe um erro de viés na previsão, quando esta se mantém constantemente acima (superestimada) ou abaixo (subestimada) do valor real da demanda. O MVP deve ser calculado a cada novo período. Se a MVP se mantiver por alguns períodos com o mesmo sinal, está havendo um viés na precisão, para menos (se MVP positiva) ou para mais (se MVP negativa).

Outra maneira interessante de se analisar é por meio do **Sinal de Percurso** (SP) pela Eq. (12).

$$SP = \frac{MVP}{MAD} \tag{12}$$

Como a MAD é sempre positiva, o Sinal de Percurso (SP) apresenta sempre o mesmo sinal da MVP. Sua análise é da seguinte maneira:

- Se SP próximo de zero, não há viés. Normalmente usam-se SP= ±0,5;
- Se SP próximo de -1, a previsão está constantemente acima da demanda (venda) real;
- Se SP próximo de +1, a previsão está constantemente abaixo da demanda real.

Para o caso da Tabela 8, teríamos os valores da Tabela 9. Neste caso, fica evidenciado que as previsões estão sempre abaixo da demanda real. Por este fato, o valor de MVP e MAD serão os mesmos. Sendo assim, SP sempre resultará em SP= +1, enfatizando o viés existente. Neste caso, deve ser repensado o uso de médias.

Tabela 9: Exemplo: Medida do viés da previsão para o método da média (Dc).

Período	*N*	Real (Y)	Dc	MVP
Janeiro	1	15	15	0,00
Fevereiro	2	17	15	1,00
Março	3	19	16,2	0,93
Abril	4	21	18,06	1,94
Maio	5	23	20,25	2,10
Junho	6	25	22,59	2,15

Fonte: adaptado de Moreira, 2011.

Vamos analisar agora, o caso do modelo de decomposição de séries temporais. Para a equação de previsão (b) dos valores da Tabela 6, teríamos os valores da Tabela 10.

Tabela 10: Exemplo: Indicador de desempenho.

Período	Real (Y)	Previsto	Y-D	|Y-D|	MVP	MAD	SP
Janeiro	95	89,95	5,05	5,05	5,05	5,05	1,00
Fevereiro	104	90,70	13,30	13,30	9,18	9,18	1,00
Março	227	266,97	-39,7	39,97	-7,21	19,44	-0,37
Abril	282	269,16	12,84	12,84	-2,20	17,79	-0,12
Maio	117	129,64	-12,64	12,64	-4,28	16,76	-0,26
Junho	135	130,69	4,31	4,31	-2,85	14,69	-0,19
Julho	132	131,74	0,26	0,26	-2,41	12,62	-0,19
Agosto	141	132,79	8,21	8,21	-1,08	12,07	-0,09
Setembro	299	280,13	18,87	18,87	1,14	12,83	0,09
Outubro	292	282,34	9,66	9,66	1,99	12,51	0,16
Novembro	90	97,47	-7,47	7,47	1,13	12,05	0,09
Dezembro	86	98,22	-12,22	12,22	0,02	12,07	0,00

Fonte: adaptado de Moreira, 2011.

Analisando-se os valores da Tabela 10 verifica-se que o método apresenta desempenho satisfatório, uma vez que o erro está diminuindo (MVP) e sem viés (SP).

Importante: *As previsões não são estáticas, por isso, o acompanhamento do seu desempenho é de extrema importância. Quando for verificado um viés os gestores devem repensar o método, voltando à etapa de investigação do método de previsão mais adequado.*

7.5 Estudo de caso

A empresa estudada é de pequeno porte e produz peças de roupas íntimas para boutiques e lojas de diversas partes do Brasil. Nesta empresa o material "bojo" é o principal componente comum aos vários modelos de sutiãs (produto final com maior tempo de produção). Porém, a indústria responsável pelo fornecimento dos bojos é considerada não confiável, por não apresentar um *lead-time* preciso. Por isso, a empresa já enfrentou diversos problemas de produção por falta do material, levando a gerência a considerar o estoque imprescindível. Além disso, o custo com o transporte vem aumentando bastante nos últimos tempos, tornando os pedidos regulares mais caros. Com base nesta problemática percebeu-se a necessidade de se realizar a gestão e controle dos estoques (Capítulo 9). Contudo, uma etapa fundamental é entender a demanda do produto acabado, neste caso, os sutiãs. Para isso, a primeira etapa é verificar a existência de dados históricos. A Tabela 11 apresenta a quantidade vendida de sutiãs no ano anterior.

Tabela 11: Vendas de sutiãs.

Período	Unidades	Período	Unidades
Janeiro	952	Julho	3162
Fevereiro	1102	Agosto	4536
Março	3596	Setembro	3229
Abril	2734	Outubro	3588
Maio	3102	Novembro	4570
Junho	3384	Dezembro	3113

Fonte: Vasconcelos Segundo *et al.*, 2013.

Construindo um gráfico com os dados de vendas verifica-se uma tendência de crescimento e alguns efeitos sazonais, conforme mostrado na Figura 44. A reta representa a linha de tendência, dada pela Eq. (13).

$$y = 214{,}97x + 1691{,}7 \qquad (13)$$

Desta maneira, uma vez que se têm dados quantitativos, estes são da própria variável de interesse e há picos de sazonalidade, onde o **método de decomposição de séries temporais** se mostra mais adequado para a previsão da demanda (vendas) futura de sutiãs. Neste estudo foram considerados quatro efeitos sazonais, como mostrado na Tabela 12.

Figura 44: Comportamento das vendas de sutiãs.

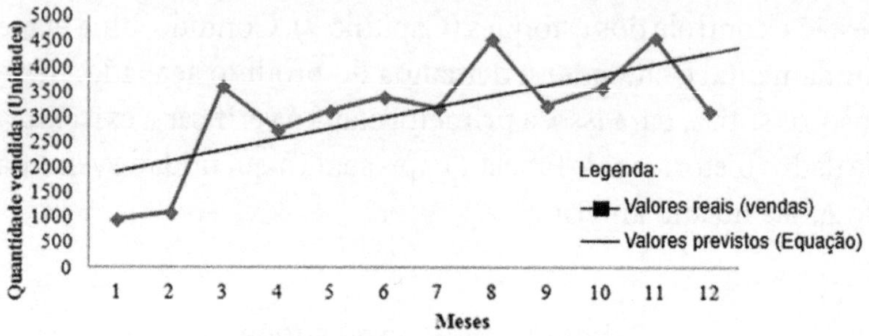

Fonte: Vasconcelos Segundo *et al.*, 2013.

Tabela 12: Previsão de vendas de sutiãs.

Período	Vendas (Y)	Tendência (T)	Razão de previsão (RP=Y/T)	Efeito	Sazonalidade (S_n = média RP)	Previsão corrigida ($T*S_n$)
Janeiro	952	1.907	0,499	1	0,583	1.111
Fevereiro	1.102	2.122	0,519	1	0,583	1.236
Março	3.596	2.337	1,539	2	1,332	3.112
Abril	2.734	2.552	1,071	3	1,109	2.830
Maio	3.102	2.767	1,121	3	1,109	3.069
Junho	3.384	2.982	1,135	3	1,109	3.307
Julho	3.162	3.196	0,989	4	0,938	2.998
Agosto	4.536	3.411	1,330	2	1,332	4.543
Setembro	3.229	3.626	0,890	4	0,938	3.401
Outubro	3.588	3.841	0,934	4	0,938	3.603
Novembro	4.570	4.056	1,127	2	1,332	5.402
Dezembro	3.113	4.271	0,729	1	0,583	2.488

Fonte: adaptado de Vasconcelos Segundo *et al.*, 2013.

Questão: Com base nestas informações, proponha mais uma opção de análise em relação ao efeito sazonal e compare ao apresentado na Tabela 12. Qual situação é mais adequada? Justifique.

7.6 Questões para discussão

1. O que significa prever a demanda?
2. Por que prever a demanda é importante?
3. Qual a diferença entre Demanda Independente *versus* Dependente?
4. A variabilidade da demanda é governada por quatro componentes principais: tendência, sazonalidade, fatores cíclicos e randômicos. Explique esses componentes.
5. O que é efeito chicote e como ele pode acontecer em uma cadeia de suprimentos?
6. Diferencie os métodos de previsão qualitativos dos métodos quantitativos.
7. Por que os indicadores de adequação são relevantes?
8. Qual é a relevância do indicador de desempenho das previsões?

REFERÊNCIAS

BOWERSOX, D. J. & CLOSS, D. J. *Logística Empresarial*: o processo de integração da cadeia de suprimentos. 1. ed. 7ª reimpressão. São Paulo: Atlas, 2009.

CORRÊA, H. L. & CORRÊA, C.A. *Administração de Produção e de Operações*: manufatura e serviços: uma abordagem estratégica. Atlas, 2022.

FONTANA, M.E.; GUERREIRO, K. M. da S. *Um estudo de caso da aplicação de ferramentas da tomada de decisão para atender à demanda futura e controle de estoque de uma PME*. In: XVII Simpósio de Engenharia de Produção, 2010, Bauru - SP. XVII SIMPEP, 2010.

MOREIRA, D. A. *Administração da Produção e Operações*. São Paulo: Cengage Learning, 2011.

PIRES, S.R.I. *Gestão da Cadeia de Suprimentos*: conceitos, estratégias, práticas e casos Supply Chain Management. São Paulo: Atlas, 2016.

VASCONCELOS SEGUNDO, J. E.; FERRAZ SEGUNDO, D. W.; FONTANA, M. E. *Controle de estoque em pequena e média empresa localizada*: um estudo de caso aplicado no polo de confecção do agreste de Pernambuco. In: XX SIMPÓSIO DE ENGENHARIA DE PRODUÇÃO, 2013. Bauru. XX SIMPEP, 2013.

8. PLANEJAMENTO DA CAPACIDADE

Capacidade é a quantidade máxima de produtos (bens e/ou serviços) que podem ser produzidos em uma unidade produtiva, em um dado intervalo de tempo que o processo pode realizar sob **condições normais de operação** (Moreira, 2011; Slack *et al.*, 2015). Entenda "condições normais de operação" como a manutenção do *status quo* das operações.

A literatura relata vários aspectos que são influenciados pelo planejamento da capacidade da empresa (Corrêa, Corrêa, 2022; Moreira, 2011; Slack *et al.*, 2015). Dentre eles, destaca-se que as decisões sobre capacidade influenciam diretamente no planejamento das instalações produtivas e, consequentemente, no planejamento das necessidades de mão de obra e equipamentos, influenciando todos os níveis da organização: estratégico, tático e operacional. Ela tem um impacto potencial sobre a habilidade da empresa em atender a demanda futura, pois a capacidade planejada dá o limite de atendimento possível. Além disso, existe o compromisso dos recursos em longo prazo, onde modificações drásticas na capacidade dificilmente são viáveis sem que se incorra em novos custos, forçosamente substanciais.

O que vamos ver neste capítulo:

- Tipos de capacidade;
- Indicadores de desempenho;
- Fatores que influenciam a capacidade.

8.1 Tipos de capacidades

Apesar da definição geral apresentada para capacidade, é importante entendê-la de maneira detalhada. Peinado & Graeml (2007) apresentaram quatro categorias: Capacidade instalada, Capacidade disponível, Capacidade efetiva e Capacidade realizada.

Para explicar cada categoria nas próximas seções, vamos considerar o exemplo de uma fábrica de chocolates, que opera em um turno de oito horas, durante cinco dias da semana. Sem fazer paradas, sua linha de produção pode chegar até duas toneladas de chocolate por hora. Durante a última semana, os registros de produção apresentaram os seguintes apontamentos de tempos perdidos (Tabela 13).

Tabela 13: Paradas da produção.

Ocorrência	Parada programada?	Tempo parado/ semana
Manutenção corretiva	Não	5 horas
Amostragem da qualidade	Sim	3 horas
Falta de pessoal	Não	8 horas
Manutenção preventiva	Sim	1 hora
Nenhum trabalho programado	Sim	2 horas
Falta de energia elétrica	Não	2 horas

Fonte: a autora (2024).

8.1.1 Capacidade instalada

Capacidade instalada é a capacidade máxima que uma unidade produtora pode produzir trabalhando ininterruptamente, sem que seja considerada nenhuma perda, ou seja, trabalhando 24 horas por dia, todos os dias da semana e do mês, sem necessidade de parada e de manutenções, sem perdas por dificuldades de programação, falta de material ou outros motivos que são comuns em uma unidade produtiva.

Obviamente que essa maravilha não existe. Trata-se, portanto, de uma medida hipotética. Os únicos processos que chegam muito próximos disso são as produções de fluxo contínuo. Ainda assim, a vida real sempre apresenta algumas falhas no sistema, que levará a alguma perda de tempo, mesmo que mínima.

De todo modo, essa medida é importante para tomada de decisão de nível estratégico, com relação à necessidade ou não de ampliação da capacidade, uma vez que se trata de um valor de produção, que nunca poderá ser ultrapassado sem alteração dos recursos transformadores atuais, sejam máquinas, equipamentos e/ou mão de obra.

Considerando o exemplo proposto da fábrica de chocolate tem-se: Capacidade instalada (CI) = 07 dias x 24 horas = 168 horas por semana ou 336 toneladas de chocolate por semana.

Note que a unidade de medida da capacidade pode ser por **Insumo (*input*)**, neste caso o tempo de trabalho em horas, ou por **Produto (*output*)**, neste caso em quantidade produzida de chocolates em toneladas (Slack *et al.*, 2015).

MEDIDA DA CAPACIDADE

Insumo (input): Utilizada quando há uma grande variedade de produtos finais (bens ou serviços) que dificulta a medição por output;

Produto (output): Utilizada quando é possível definir uma unidade de medida comum aos diferentes tipos de produto acabados.

8.1.2 Capacidade disponível

Capacidade disponível, ou de projeto, é a quantidade máxima que uma unidade produtiva pode produzir durante a jornada de trabalho disponível, sem levar em consideração qualquer tipo de perda. Para o nosso exemplo do chocolate teríamos: capacidade disponível (CD) = 8 horas x 5 dias x 1 semana = 40 horas por semana (insumo) ou 80 toneladas de chocolate por semana (produto). Voltando a medida do trabalho, essa capacidade está associada ao tempo de ciclo, sem considerar as tolerâncias.

Caso fosse implantado um segundo turno de 8 horas, a capacidade disponível dobraria. Esse é um dos fatores que pode levar a **deseconomia de escala**. Muitas vezes, os gestores consideram apenas a capacidade disponível para definir a viabilidade da implantação do segundo turno, sem considerar os possíveis problemas de manutenção das máquinas e equipamentos, funcionários não qualificados, diminuição da produtividade relacionada ao turno de trabalho, entre outros aspectos, que levam ao aumento do custo de produção. Em outras palavras, a empresa pode faturar mais (receita), mas pode gastar (custos) proporcionalmente mais. Portanto, é fundamental estudar as paradas (perdas) de tempo que serão necessárias.

Além disso, devido a inúmeras paradas que podem acontecer no dia a dia, por diversos motivos, é comum que os gestores precisem implementar ações de aumento da capacidade disponível para contornar esses problemas, como, por exemplo, uso de horas extras. Vamos estudar essas alternativas em Planejamento de Vendas e Operações.

> ***Economia de escala:*** *refere-se à diluição dos custos fixos de produção por unidade produzida. Assim, o aumento do volume de produção leva a diminuição do custo por unidade produzida;*
>
> ***Deseconomia de escala:*** *está associada ao aumento dos custos operacionais, devido a problemas relacionados ao aumento do volume de produção. Assim, o valor de referência do custo fixo se altera, elevando o custo por unidade produzida.*

8.1.3 Capacidade efetiva ou carga

A **capacidade efetiva,** ou de carga, representa a capacidade planejada, ou seja, aquela definida considerando as paradas (perdas) planejadas de tempo. Voltando à medida do trabalho, essa capacidade está associada ao tempo padrão, considerando as tolerâncias, embora sejam também levadas em consideração as paradas de programação de produção, manutenção, entre outras. A capacidade efetiva não pode exceder a capacidade disponível, isto seria o mesmo que programar uma carga de máquina por um tempo superior ao disponível.

Para o nosso exemplo do chocolate, ocorreram três paradas programadas: Amostragem da qualidade (3 horas), Manutenção preventiva (1 hora) e nenhum trabalho programado (2 horas). Isso totaliza 6 horas de parada programada na semana. Considerando essa parada, a capacidade efetiva (CE) será de 40 horas disponíveis — 6 horas de parada, ou seja, 34 horas por semana (insumo), ou 68 toneladas de chocolate por semana (produto).

Deve-se salientar que cada semana apresentará informações diferentes dependendo da sua programação. Assim, diferentemente das capacidades instaladas e disponíveis que se conhece em longo prazo, a capacidade efetiva só é definida de médio a curto prazo.

> *A* ***capacidade efetiva*** *só pode ser definida após a programação da produção.*

8.1.4 Capacidade realizada

Por sua vez, a **capacidade realizada** é obtida apenas após a produção, pois se refere ao que realmente aconteceu no período analisado. Ela serve para conhecer a real produção e comparar com o que foi planejado. Assim, os gestores podem controlar a produção e tomar decisões de mudanças que forem necessárias.

Para o nosso exemplo do chocolate, ocorreram três paradas NÃO programadas: Manutenção corretiva (5 horas), Falta de pessoal (8 horas) e Falta de energia elétrica (2 horas). Isso totaliza 15 horas de parada NÃO programada na semana. Considerando essa informação, a capacidade realizada (CR) foi de 34 horas disponíveis — 15 horas de parada, ou seja, 19 horas por semana (insumo), ou 38 toneladas de chocolate por semana (produto).

> *A* ***capacidade realizada*** *só pode ser definida após a produção.*

8.1.5 Indicadores de desempenho

A partir do conhecimento de todas as capacidades é possível medir o desempenho das instalações considerando três indicadores:

- **Grau de disponibilidade:** significa o quanto as instalações estão **disponíveis**, considerando o turno de trabalho atual, Eq. (1);

$$Grau\ de\ disponibilidade = \frac{CD}{CI} \tag{1}$$

- **Grau de utilização:** significa o quanto as instalações estão sendo **utilizadas**, considerando a programação atual, Eq. (2);

$$Grau\ de\ utilização = \frac{CE}{CD} \tag{2}$$

- **Eficiência:** significa o quanto as instalações estão sendo **eficientes** ao realizar o trabalho programado, Eq. (3).

$$Eficiência = \frac{CR}{CE} \tag{3}$$

Para o nosso exemplo do chocolate temos: Grau de disponibilidade = 23,8%; Grau de utilização = 85% e Eficiência = 55,88%.

8.2 Fatores que influenciam a capacidade

A capacidade é influenciada (impactada) por diversos fatores qualitativos e quantitativos (Moreira, 2011). Dentre os fatores qualitativos destacam-se:

- **Instalações:** a dimensão, arranjo físico e condições do ambiente podem restringir ou favorecer a capacidade. Unidades produtivas maiores têm menor custo de produção pela economia de escala, porém tendem a não serem "focalizadas" e podem levar ao aumento do custo de controle de gestão, levando a deseconomia de escala;
- **Projeto do processo:** os processos variam desde totalmente manuais até totalmente automatizados. Isso delimita o volume de produção, ou seja, da capacidade;
- **Variedade de produtos:** como já explicado em capítulos anteriores, o aumento da variedade de produtos, normalmente, leva a maior necessidade de paradas para ajustes, bem como a diminuição da velocidade de produção para "aprender" ou "entender" o que será produzido agora. Isso, consequentemente, leva a diminuição do volume de produção. Sistemas como troca rápida de ferramentas, ou padronização de embalagens, tendem a diminuir esse problema;
- **Curva de aprendizado:** quanto mais vezes repetimos certa atividade, mais nos aperfeiçoamos, consequentemente, dentro de certos limites, torna-se cada vez menor o tempo gasto para cumprirmos a atividade. Aprende-se proporcionalmente mais se a atividade for complexa e longa, em vez de simples e breve. A mera repetição traz, por si só, o aumento de produtividade. Este conceito é muito utilizado em gestão de projetos complexos;

- **Fatores humanos:** em processos que dependem de fatores humanos, como mão de obra, habilidades, conhecimento, experiência e motivação dos funcionários pode aumentar ou diminuir a capacidade. A simples frequência no uso de horas extras pode impactar, significativamente, a produtividade do funcionário e, como consequência, a capacidade de produção;
- **Fatores operacionais:** relacionado aos métodos de trabalho, qualidade e/ou características dos insumos, necessidade de inspeção de qualidade, características das máquinas e/ou equipamentos, que impactam no tempo do trabalho e, como consequência, na capacidade de produção;
- **Fatores externos:** estão relacionados, especialmente, às paradas de produção e/ou desvio de capital para ajustes das exigências legais, como, por exemplo, um acidente de trabalho que precisa ser investigado, levando a parada da linha e investimento em medidas de segurança. Obviamente que estes fatores são fundamentais nas empresas, mas impactam diretamente no volume de produção e capacidade de investimento da empresa na linha de produção. Para minimizar esse tipo de problema, as empresas devem ter um plano de contingência definido, bem como investir em prevenção.

Em relação aos fatores quantitativos, eles estão relacionados aos custos operacionais, divididos em fixos e variáveis. Os custos fixos (CF) estão associados aos gastos operacionais da empresa que, até certo ponto, independe da quantidade produzida, como aluguel, mão de obra fixa etc. Enquanto o custo variável (CV) está associado aos gastos operacionais que só acontecem quando se produz uma unidade, como o custo da matéria-prima, ou seja, haverá um custo por unidade (C_u) produzida. Assim, precisamos responder: *Qual deve ser a quantidade produzida para a empresa começar a obter lucros?*

Para isso, pode-se analisar o **ponto de equilíbrio (PE)**, que representa a quantidade (q) de produtos produzidos e vendidos, para que o custo operacional total (Eq.4) se iguale à receita total (RT) (Eq.6). Em outras palavras, o ponto de equilíbrio serve para calcular o volume de negócios, ou quantidade de produção (q), que a organização deve realizar para atingir o lucro operacional zero, sem obter lucro e nem prejuízo. Aqui, supõe-se que toda a quantidade (q) produzida será vendida por um preço unitário de venda (P_u) (Eq.5). Assim, tem-se:

$$CT = CF + (q \times c_u) \quad (4)$$

$$RT = q \times p_u \quad (5)$$

$$PE \rightarrow CT = RT \rightarrow q = \frac{CF}{p_u - c_u} \quad (6)$$

A diferença entre preço e custo unitário ($P_u - C_u$) é entendida como a **margem de contribuição** (m_u) que cada unidade vendida contribui para a cobertura dos custos e despesas fixas da organização. Assim, o ponto de equilíbrio (PE) pode ser definido por Eq. (7).

$$PE \rightarrow q = \frac{CF}{m_u} \quad (7)$$

Caso deseje calcular a quantidade mínima para a obtenção de um lucro mínimo igual a X, basta adicionar o valor de X ao custo fixo.

8.3 Questões para discussão

1. O que é capacidade de uma unidade produtiva?
2. Quais são as principais razões pelas quais são importantes as decisões sobre capacidade?
3. Explique os diferentes tipos de capacidade: instalada, disponível, efetiva e realizada.
4. O que significa medir a capacidade por insumo ou produto?
5. Por que analisar indicadores de desempenho da capacidade?
6. Quais são os fatores mais importantes que influenciam a capacidade?

REFERÊNCIAS

GUERRINI, Fábio Müller. *Planejamento e controle da produção modelagem e implementação*. 2. ed. Rio de Janeiro: Elsevier, 2019.

MOREIRA, D. A. *Administração da Produção e Operações*. São Paulo: Cengage Learning, 2011.

PEINADO, J. & GRAEML, A. R. *Administração da Produção (Operações Industriais e de Serviços)*. 2007.

SLACK, Nigel; BRANDON-JONES, Alistair; JOHNSTON, Robert. Administração da Produção. Cap. 11. 4. ed. Atlas, 2015.,

9. GESTÃO DE ESTOQUE

A Gestão (ou Administração) de estoques compreende o agrupamento dos materiais de várias origens e a coordenação dessa atividade com a demanda de produtos ou serviços da empresa. Desse modo, soma esforços de vários setores: compras, recebimento, planejamento e controle da produção, expedição, transportes e estoques (Dias, 2010).

O que vamos ver neste capítulo:

- Conceitos de estoque;
- Razões e desvantagens da estocagem;
- Profundidade dos estoques e amplitude dos riscos;
- Estocagem centralizada *versus* descentralizada;
- Custos do estoque;
- Lote Econômico de Compra;
- Controle de estoque.

9.1 Conceitos de estoque

Os estoques podem ser definidos como a conservação (acúmulo) de quantidades de materiais, ou bens físicos, entre fases específicas de processos de transformação, durante determinado período de tempo (Corrêa & Corrêa, 2022; Moreira, 2011). Esses processos de transformação podem referir-se à:

- Transformação física – no caso de processos de manufatura, transformação de estado do bem ou do cliente, também de processos de tratamento, manutenção e outros;
- Transformação de posse ou localização do bem ou do cliente - como no caso de processos de distribuição e logísticos, incluindo os transportes (fluxo).

9.1.1 Estoque médio

Estoque médio diz respeito à quantidade normalmente mantida em reserva, sendo o resultado da divisão da posição final do estoque por determinado período. Uma simplificação aceita considera que o período inicia com Q unidades e termina com zero unidade. Assim, o estoque médio será dado por $\frac{Q}{2}$.

9.1.2 Estoque básico

Estoque básico ou cíclico é a porção do estoque médio que se recompõe pelo processo de ressuprimento (interno ou externo). O pedido (Q) deve ser emitido quando o estoque disponível ainda for maior ou igual à demanda de clientes a atender, durante o prazo de ressuprimento.

9.1.3 Estoque de segurança

Estoque de segurança (ES) *é um* estoque excedente, que não deveria ser usado, mas que protege contra incertezas da demanda (Eq.1) ou do tempo de ressuprimento (Eq.2).

$$ES = FS \times \sigma_D \times \sqrt{LT} \tag{1}$$

$$ES = FS \times \sigma_{LT} \times D \tag{2}$$

Em que,

LT – Tempo de ressuprimento (*lead time*);

D – Taxa de demanda na mesma unidade temporal do *lead time*;

σ_D e σ_{LT} – desvio padrão da oscilação da demanda ou do *lead time*, respectivamente;

FS – Fator de serviço.

Considerando uma distribuição normal, o **fator de serviço (FS)**, está associado ao nível de serviço em que se deseja atender os clientes. Por exemplo, se for definido um nível de serviço de 98%, significa que, se nenhuma oscilação ocorrer, todos os clientes serão atendidos, mas se houver um pico de demanda, o estoque de segurança será suficientemente dimensionado para garantir que no mínimo 98% (podendo ser mais) dos clientes sejam atendidos. Isso porque, na maioria dos casos, manter um estoque de segurança para proteger 100% dos clientes exigiria um volume enorme, que não se justifica economicamente.

Para encontrar o valor de FS basta analisar a tabela da distribuição normal (tabela Z), procurar pela porcentagem de nível de serviço e usar o valor de Z correspondente. Assim, para um nível de serviço de 98%, tem-se $z = 2,082 = FS$.

9.2 Razões e desvantagens da estocagem

Os estoques são considerados custosos e podem representar uma parte significativa do capital de uma organização. Manter esses estoques implica em riscos, uma vez que podem se deteriorar, tornarem-se obsoletos, perderem-se nas instalações da fábrica, além de ocuparem um espaço valioso que poderia ser usado para agregar valor por meio de outra atividade produtiva.

Estoque pode ser perigoso para armazenar, como é o caso de produtos altamente inflamáveis, acarretando riscos e custos adicionais (Slack *et al.*, 2015).

Porém, os estoques são necessários no processo produtivo, mais precisamente para um bom gerenciamento. Os processos produtivos, com pouca confiabilidade ou com mau gerenciamento, acabam por gerar mais estoques, que é exatamente o oposto do desejado (Rosa *et al.*, 2010). Isso porque, um nível de estoque muito alto entre os processos produtivos pode esconder falhas ou gargalos que deveriam ser corrigidos, porém esse tipo de estocagem protege a produção, caso alguma etapa falhe o estoque continuará a ser consumido, enquanto a operação é reparada.

Para Slack *et al.* (2015) não importa o que está sendo armazenado como estoque, ou onde ele está posicionado na operação, ele existirá porque há uma diferença de ritmo (ou de taxa) entre fornecimento e demanda. Se o fornecimento de qualquer item ocorresse exatamente quando fosse demandado, o item nunca necessitaria ser estocado. Outras razões para se manter estoque incluem (Ballou, 2009; Corrêa & Corrêa, 2022; Moreira, 2011; Slack *et al.*, 2015):

- **Necessidades de Produção:** a guarda temporária dos produtos é parte importante em alguns processos produtivos, como é o caso de vinhos e queijos maturados.
- **Nível de serviço:** a disponibilidade do produto no exato momento que o cliente deseja, além de garantir a venda também melhora o nível de serviço.
- **Economias de escala na produção ou compra:** determinadas economias associadas ao tamanho do lote de compra ou fabricação podem justificar economicamente a manutenção dos estoques.

- **Coordenação da Oferta e Demanda:** empresas que trabalham com produção altamente sazonal e com uma demanda razoavelmente constante, têm problemas para coordenar oferta e demanda. Por isso, normalmente, produzem a um nível constante durante o ano, a fim de minimizar os custos de produção e acumular os estoques necessários para suprir a demanda durante uma temporada, relativamente, curta de vendas. Materiais e produtos que sofrem amplas variações de preços podem incentivar uma empresa a fazer compras antecipadas para garantir seu suprimento e obter menores preços.
- **Proteção contra alterações nos preços**: alguns materiais apresentam oscilações de preço durante o ano, especialmente aqueles vinculados ao mercado internacional e, consequentemente, ao dólar. Nestes casos, pode ser interessante antecipar compras e minimizar os custos.
- **Proteção contra oscilações na demanda:** vários produtos apresentam sazonalidade de consumo durante o ano. Do ponto de vista da produção, pode ser mais barato manter um nível de produção uniforme e estocar o que foi produzido apenas quando necessário. Mesmo produtos que não apresentam essa variação de mercado, uma empresa pode sofrer variações, devido às estratégias da concorrente. No entanto, a dinâmica do mercado faz com que estoques protecionistas ofereçam ricos adicionais, pois os hábitos de compras dos clientes estão em constante mudança e os concorrentes estão adicionando/excluindo produtos das suas linhas de produção. As mudanças inesperadas na demanda também podem fazer com que esse estoque se perca (fique obsoleto), por isso o monitoramento desse tipo de estoque se faz necessário.

- **Proteção contra oscilações no tempo de ressuprimento:** os fornecedores estão sujeitos aos mesmos problemas que a empresa foco, sendo assim, podem apresentar oscilação no tempo de entrega, caso não tenha disponibilidade do produto. Neste sentido, quanto menos confiável for o fornecedor em relação ao cumprimento de prazos, maiores devem ser os estoques de materiais, para que não haja a parada da produção por falta de insumo.
- **Proteção contra contingências:** nenhuma empresa está imune a contingências, desde situações relacionadas a desastres ambientais, até estruturais. Nestes casos, o estoque pode garantir parte das promessas de vendas, enquanto a produção estiver se restabelecendo.
- **Custos de Transporte:** lotes maiores que sejam capazes de unitizar cargas de transporte podem aumentar a eficiência e compensar o custo de estocagem.

9.3 Profundidade dos estoques e amplitude dos riscos

Segundo Bowersox & Closs (2009), a natureza e a extensão dos riscos variam dependendo da posição da empresa no canal de distribuição. Ele relata os canais de produção, atacado e varejo.

- **Produção:** os riscos de manutenção de estoque são de longo prazo. Os investimentos começam com a matéria-prima e componentes, passando para estoques em processo e termina em produtos acabados. Embora os fabricantes tenham linhas de produtos menores (amplitude) do que os atacadistas e varejistas, seu investimento em estoque é relativamente de maior profundidade e de longa duração.

- **Atacado:** a exposição dos atacadistas ao risco é menor que a dos fabricantes, porém é mais profunda e de mais longa duração do que a dos varejistas. Geralmente, compram grandes quantidades dos fabricantes e vendem pequenas quantidades aos varejistas. A clientela varejista forçou um aumento substancial do sortimento e da duração do estoque dos atacadistas, por meio da redução de seu próprio estoque, transferindo aos atacadistas a responsabilidade de mantê-los.
- **Varejo:** compram uma ampla variedade de produtos e assumem riscos substanciais no processo de comercialização. Por isso, pode ser considerado risco de estoque amplo, mas não profundo. Isto porque o varejo assume riscos com muitos produtos, mas o risco relativo a cada produto individualmente é baixo e facilmente diluído nas quantidades vendidas.

9.4 Estocagem centralizada *versus* descentralizada

A estocagem em uma empresa pode ser centralizada ou descentralizada. Na centralizada todas as peças usadas na fábrica são estocadas em uma central, até que sejam usadas. Na descentralizada são utilizados vários pequenos almoxarifados, tornando as distâncias de suprimento/ressuprimento menores. As vantagens inerentes à estocagem centralizada devem-se ao melhor controle, melhor disposição dos locais de armazenagem, utilização mais eficiente dos espaços e redução dos custos administrativos do armazém. Já as desvantagens são decorrentes, em grande parte, da qualidade da prestação de serviços aos clientes, especialmente no que se refere ao maior tempo necessário ao (re)suprimento e consequentes atrasos, obrigando os clientes a anteciparem seus pedidos e/ou solicitarem uma quantia suplementar, prevendo estas falhas (Moura, 1997). O inverso é verdadeiro para a descentralizada.

9.5 Custos do estoque

O desafio logístico concentra-se no fato dos custos das atividades não caminharem no mesmo sentido, ou seja, à medida que os custos correspondentes a uma atividade crescem, há uma compensação, de modo que os custos de outra operação, vinculada à mesma atividade logística diminuem. Um exemplo prático é que à medida que se aumenta a quantidade estocada, os custos do pedido caem e o custo de manutenção dos estoques aumenta. A questão chave consiste em encontrar o ponto de equilíbrio, isto é, o nível para o qual o conjunto dos custos apresenta o ponto mínimo.

Assim, para uma gestão de estoque eficiente é fundamental conhecer os custos envolvidos. Os principais custos associados são (Ballou, 2009; Moreira, 2011):

- **Custo do item (compra):** é o valor unitário (v_u), podendo ser o custo unitário para produzir internamente ou preço de compra de uma unidade do item.
- **Custo processamento do pedido (aquisição):** quase sempre representa uma significativa força econômica que determina as quantidades de reposição. Ao solicitar uma reposição de estoque, incorre-se em uma variedade de custos relacionados ao processamento, preparação, transmissão, manutenção e ao pedido de compra. O cálculo do custo total do pedido (CA) relaciona-se ao custo de fazer um pedido (Cp) pelo número de vezes que um

pedido de tamanho Q deverá ser realizado para atender a demanda anual (DA), como na Eq. (3):

$$CA = Cp \times \frac{DA}{Q} \qquad (3)$$

- **Custo de manutenção de estoque:** ao armazenar produtos, a empresa necessita de uma estrutura capaz de absorver estes materiais. Logicamente, esta estrutura acarretará alguns custos diretamente relacionados ao tipo de material estocado, seu volume, área por ele ocupada, mão de obra empregada, manutenção da estrutura física do prédio, custo unitário etc. Os custos de manutenção são custos proporcionais à quantidade estocada e ao tempo que esta permanece em estoque. Um dos custos de estoque mais relevantes é o custo de oportunidade do capital. Este representa a perda de receita por ter o capital investido em estoques em vez de outra atividade econômica. Outros custos relativos à manutenção de estoques são: manuseio de materiais, o uso de espaço, seguros, obsolescência e perecibilidade. Uma simplificação usual é considerar o custo de manutenção de estoques unitários de um produto (v_u) como uma fração de seu valor unitário (v_u), Eq. (4).

$$cm = v_u \times taxa \qquad (4)$$

Sendo assim, dado um tamanho de lote Q, o custo total de manutenção em estoque será dado pela relação entre o custo unitário de manter estoque pelo estoque médio, Eq. (5).

$$CM = cm \times \frac{Q}{2} \qquad (5)$$

- **Custo de falta:** representa tanto as vendas perdidas, (porque o cliente cancelou o pedido do item que está em falta, repercutindo tanto a curto — aquela compra cancelada — como em longo prazo — compras futuras) como os custos adicionais para o cliente e/ou fornecedor associados aos atrasos ao reprogramar o atendimento das suas necessidades.

9.6 Lote econômico de compra (LEC)

Para compreender o Lote econômico de compra (LEC), ou Lote econômico de fabricação (LEF), vamos visualizar a Figura 45 (Moreira, 2011).

Figura 45: Comportamento do estoque: (a) lote grande (b) lote pequeno.

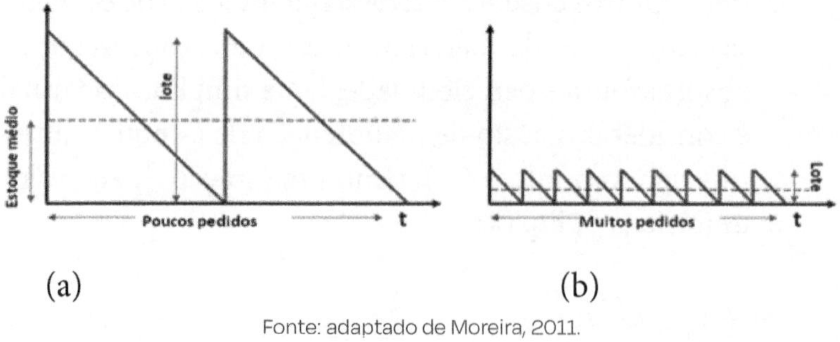

Fonte: adaptado de Moreira, 2011.

Quanto maior for o tamanho do lote adquirido (Figura 45a), maior será o estoque médio ($\frac{Q}{2}$). Por consequência, maior será o custo de manutenção do estoque (vide Eq.5). Por outro lado, lotes com tamanho Q grande significam um número de pedidos menor para a mesma demanda anual (DA), representando, assim, menor custo total de emissão de pedidos (vide Eq.3). O inverso é verdadeiro para um lote pequeno (Figura 45b), aumentando o custo de fazer mais pedidos, mas diminuindo o custo de manter menos unidades em estoque. Assim, observa-se que os custos do processamento do pedido e o custo de manutenção de estoque são inversos e podem ser generalizados como na Figura 46.

Figura 46: Custo de manutenção de estoque *versus* Custo processamento de pedido.

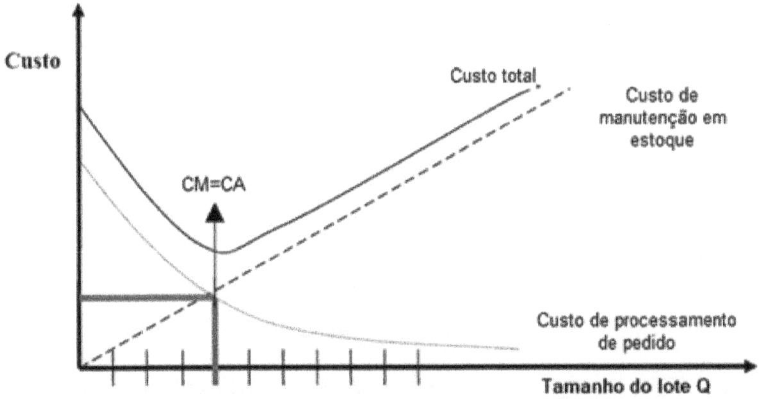

Fonte: Adaptado de Corrêa & Corrêa, 2022 e Moreira, 2011.

O cálculo do lote econômico de compra possibilita determinar a quantidade que será adquirida pela empresa que terá o menor custo total de estocagem. Em outras palavras, o **lote econômico de compra** (LEC) é aquele tamanho de lote que minimiza simultaneamente o custo de pedido e o custo de manutenção de estoque (Eq.7).

$$cm \times \frac{Q}{2} = Cp \times \frac{DA}{Q} \qquad (6)$$

$$Q = \sqrt{\frac{2 \times Cp \times DA}{cm}} = LEC \quad (7)$$

Deve-se ressaltar, ainda, que o cálculo do LEC apresenta algumas limitações, tais como (Moreira, 2011):

- Atendimento de toda a demanda anual;
- Taxa de demanda conhecida, constante e contínua;
- Período de ciclo de atividades e de ressuprimento conhecidos e constantes;
- Preço constante do produto, independente da época e da quantidade do pedido;
- Horizontalmente de planejamento infinito;
- Ausência de interação com outros itens de estoque;
- Disponibilidade ilimitada de capital.

Sendo assim, o cálculo do LEC pode ser um ótimo ponto de partida na gestão e controle do estoque, mas é importante realizar ajustes quando for o caso de (Moreira, 2011):

- Taxa de fretes diferentes por quantidade transportada;
- Desconto por quantidade comprada;
- Lotes de produção (econômico do ponto de vista da produção, caso do LEF);
- Compra de diferentes produtos no mesmo período;
- Limitações de capital;
- Transporte privado;
- Unitização de cargas.

Em relação ao lote econômico de fabricação (LEF), a maneira de calcular é idêntica ao LEC, porém, neste caso, ao invés de se ter um **preço unitário terá um custo unitário**, ao invés de custo de pedido terá um custo de preparação das máquinas e equipamentos.

9.7 Controle de estoque

Uma vez que certo nível de estoque é indispensável, é preciso fazer seu correto gerenciamento para minimizar os custos, ao mesmo tempo em que minimizam a probabilidade à falta dos produtos e/ou matérias-primas. Assim, o controle de estoques é o procedimento rotineiro necessário para cumprir uma política de estoque. A política de estoque consiste em normas sobre o que comprar ou produzir, quando pedir e quais as quantidades, decisões sobre o posicionamento e alocação de estoque em fábricas e centros de distribuição. O controle de estoques abrange as quantidades disponíveis numa determinada localização e acompanha suas variações ao longo do tempo. Os procedimentos mais comuns são: *contínuos* e *periódicos* (Bowersox & Closs, 2009; Corrêa & Corrêa, 2022; Moreira, 2011).

9.7.1 Controle de estoque contínuo

No controle de estoque contínuo, o estoque é continuamente monitorado, após cada transação. Quando o estoque tiver abaixo do nível de referência, chamado de ponto de ressuprimento (PR), um novo pedido é realizado. A Figura 47 ilustra o comportamento real de um estoque controlado continuamente.

Figura 47: Controle de estoque contínuo.

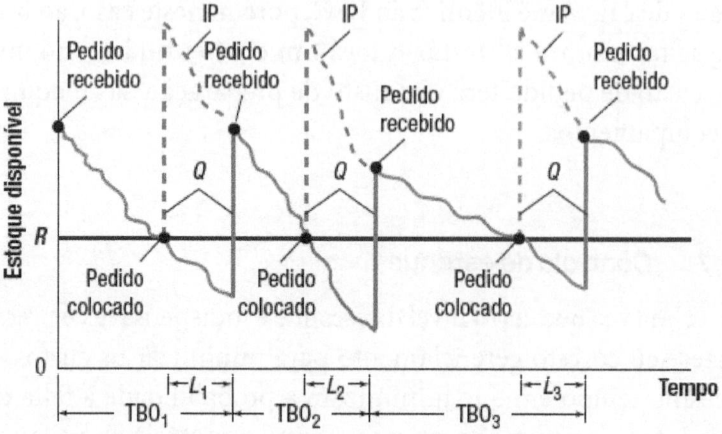

Fonte: Corrêa & Corrêa, 2022.

O ponto de ressuprimento deve ser uma quantidade que permita o consumo enquanto se espera a entrega (Eq.8).

$$PR=D*LT+ES \quad (8)$$

A quantidade comprada é sempre fixa e convencionalmente utiliza-se o lote econômico de compra (LEC), embora possa ser qualquer tamanho de lote fixo.

A data de compra é variável, pois o que motiva a compra é a quantidade remanescente em estoque. A quantidade de vezes que serão necessários fazer pedidos no ano é a razão entre a demanda anual e o tamanho do lote.

Quando?	**Quanto?**
Ponto de ressuprimento (PR)	*Lote Econômico de Compra (LEC)*

O sistema contínuo possibilita o maior controle sobre o estoque, tornando mais difícil a falta do produto em casos de excedentes de demanda no período. Porém, não permite a relação entre diferentes produtos, mesmo sendo do mesmo fornecedor, disparando a necessidade de pedidos sem considerar a possibilidade de unitizar cargas, por exemplo.

9.7.2 Controle de estoque periódico

A Figura 48 ilustra o comportamento real de um estoque controlado periodicamente.

Figura 48: Controle de estoque periódico.

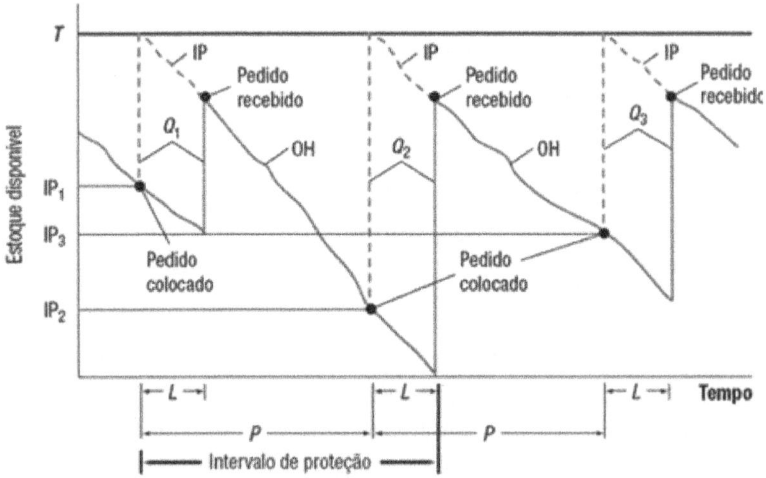

Fonte: Corrêa & Corrêa, 2022.

No controle de estoque periódico não há um ponto de ressuprimento, mas uma data de verificação, também chamada de periodicidade (P), que pode ser calculada pela Eq. (9), ou definida com base nas experiências.

$$P = \sqrt{\frac{2 * Cp}{Cm * DA}} \quad (9)$$

Portanto, aqui o controle é feito em intervalos regulares (*P*) exatamente antes de se emitir um pedido. Neste momento, encomenda-se a quantidade *Q* necessária para elevar o nível de referência (*M*), Eq. (10).

$$Q = M - (E_{res} + Qp) \quad (10)$$

Em que,

E_{res} é a quantidade remanescente em estoque no momento da verificação;

Qp é uma quantidade já solicitada, mas que ainda não chegou ao estoque.

O nível de referência (*M*) é estabelecido por uma quantia suficiente para atender a demanda até a próxima revisão (*P*) mais o tempo de ressuprimento (*LT*), Eq. (11).

$$M = D * (P + LT) + ES \quad (11)$$

Observe que o período em que se sofre o risco da falta de estoque aqui (*P* + *LT*) é maior do que na revisão contínua (*LT*), sendo assim, é importante ajustar o cálculo do Estoque de Segurança considerando esse período, como na Eq. (12).

$$ES = FS \times \sigma_D \times \sqrt{P + LT} \quad (12)$$

No sistema periódico, como os pedidos têm data fixada para serem feitos, o produto pode faltar antes desta data e não será realizado o controle adequado, comprometendo o nível de serviço oferecido. Porém, permite a relação de produtos diferentes

do mesmo fornecedor, ao estabelecer a mesma periodicidade, por exemplo.

> ***Importante:*** *A falta de estoque só existe se ele for requerido pelo cliente.*

9.7.3 Estratégia de controle

Como pode ser visualizado no Quadro 14, existem vantagens e desvantagens para cada sistema de controle de estoque. Então, qual usar?

Aqui, assim como nas prioridades competitivas, é recomendado que o serviço oferecido ao cliente seja de acordo com o valor dado por ele. Assim, normalmente, itens que apresentam maior contribuição na lucratividade da empresa são considerados prioritários no controle de estoque e devemos aumentar o esforço para que ele não falte. Assim, um nível de serviço maior que 98% são recomendados, bem como um controle contínuo do seu estoque.

Já itens de menor lucratividade, podem receber um nível de serviço menor, o que não significa menor qualidade de serviço, apenas maior risco da falta. Esse risco é aceitável devido à relação entre os custos de execução e o lucro do produto. Aqui uma revisão periódica pode oferecer melhores resultados do que a revisão contínua.

Quadro 14: Sistema de controle de estoque: Contínuo *versus* Periódico.

Contínuo	Periódico
Permite o uso do LEC; Menor possibilidade de falta; Mais difícil e caro de controlar, principalmente para pequenas e médias empresas; Dificulta os pedidos de vários produtos do mesmo fornecedor.	Mais simples e fácil de controlar; Maior chance da falta do produto; Ideal para itens de baixo custo; Possibilidade de pedir vários produtos do mesmo fornecedor.

Fonte: Corrêa & Corrêa, 2022 e Moreira, 2021.

Para ajudar na classificação dos itens, uma abordagem muito utilizada é a curva ABC.

9.7.3.1 Classificação ABC

O processo de classificação consiste em identificar e escalonar os itens em classes A, B e C, de acordo com o volume financeiro que cada um representa nas movimentações da empresa, ou outro critério de interesse. O gráfico de pareto é comumente utilizado para a visualização da classificação ABC, como ilustra a Figura 49.

Figura 49: Curva ABC.

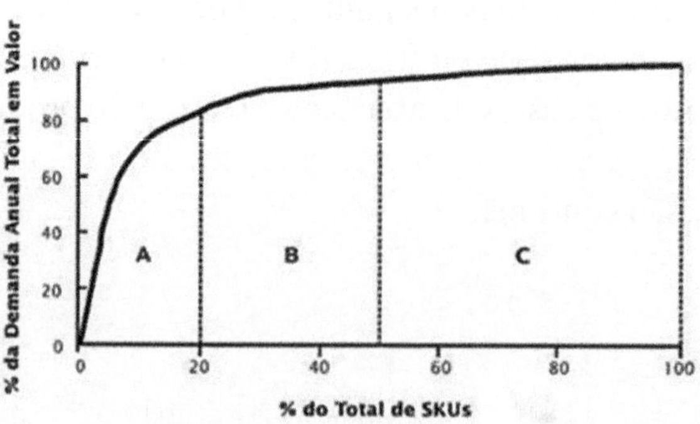

Fonte: a autora (2024).

Este escalonamento permite que o administrador trace estratégias de gerenciamento e controle dos materiais, administração de vendas, realização de inventários parciais e gerais, gerenciamento de compras, previsão de materiais, planejamento da produção, atendimento a clientes, negociação com fornecedores etc. (Costa, 2002). Segundo Martins & Laugeni (2005) em virtude de não existirem critérios universalmente aceitos para a divisão das classes, costuma-se adotar critérios similares aos expostos a seguir:

- **Classe A:** constituída por poucos itens (até 10% ou 20% dos itens), o valor de consumo acumulado (demanda) é alto (acima de 50% até 80%, em geral);
- **Classe B:** formada por um número médio de itens (20% a 30%, em geral), apresenta um valor de consumo acumulado ao redor de 20% a 30%;
- **Classe C:** constituída por um grande número de itens (acima de 50%), o valor de consumo acumulado é baixo (5% a 10%).

9.8 Estudo de caso

Continuando o caso da seção 7.5, observou-se que independentemente das vendas de sutiãs do mês, sua produção equivale a uma razão de 1P: 2M: 1G, ou seja, a cada 4 unidades vendidas, uma é tamanho P-pequeno, uma é tamanho G-grande e duas são tamanho M-médio. Desta forma, a partir do conhecimento da quantidade prevista de vendas de sutiãs (demanda independente), mostrada na Tabela 12, é possível calcular a quantidade requerida de cada tamanho de bojo (demanda dependente) que é a matéria-prima principal dos sutiãs. Assim, conhecidos os valores demandados de bojo pode-se fazer o controle de estoques de bojos.

De acordo com dados fornecidos pela empresa considerarам-se as seguintes constantes: a taxa de custo de manutenção ($i + a$) deste estoque é de 30% sobre o valor do produto; espera-se oferecer ao menos um nível de serviço de 97,5%; o *lead time* de entrega é, em média, de 22 dias úteis após a realização do pedido; o custo de realização de cada pedido é de R$ 235,00 (em média); e o custo unitário do produto é de R$ 1,10 (cada unidade de bojo contém material para a produção de um sutiã, ou seja, o bojo esquerdo e o direito). Assim, o tamanho do LEC foi calculado em 7.270 unidades. O estoque de segurança (ES), também é necessário para o controle de estoque contínuo. Neste caso, encontrou-se um ES de 499 unidades. A Tabela 14 apresenta o Ponto de Ressuprimento (RP) e a taxa de consumo diária por mês. Considerou-se o mês com 22 dias úteis e a taxa de consumo constante dentro de cada mês.

Tabela 14: Estudo de caso: controle de estoque contínuo.

Período	Demanda*	Taxa de consumo	PR	Período	Demanda	Taxa de consumo	PR
JAN	1.111	50,48	1.609,2	JUL	2.998	136,27	5.041,8
FEV	1.236	56,18	1.734,4	AGO	4.544	206,51	3.899,7
MAR	3.112	141,44	3.610,3	SET	3.402	154,60	4.101,4
ABR	2.831	128,65	3.328,9	OUT	3.603	163,76	5.900,6
MAI	3.069	139,49	3.567,4	NOV	5.403	245,55	2.986,7
JUN	3.308	150,33	3.805,8	DEZ	2.489	113,09	5.041,8

*Para o cálculo considerou-se a demanda prevista em 2012.

Fonte: Vasconcelos Segundo *et al.*, 2013.

Note que em controle de estoque contínuo, normalmente, faz-se uso de uma taxa de consumo constante para todos os períodos analisados. Porém, quando se usou uma taxa constante houve falta do produto nos meses de pico de demanda. Usando as taxas diferentes e considerando a cada verificação o PR correspondente, também leva a falta dos produtos em períodos de pico na demanda. Isto porque, o *lead time* de ressuprimento é de um mês (22 dias úteis), fazendo com que o pedido feito em um período chegue à empresa somente durante o próximo período, onde a taxa de consumo pode ser maior, levando a falta do produto, dias antes da chegada, mesmo com o uso do ES. Para reforçar essa ideia, veja que em 3 dias no mês de agosto são consumidas aproximadamente 620 unidades. Valor superior ao estoque de segurança. Assim, houve a necessidade de adaptar o controle contínuo à sazonalidade da demanda, ou seja, à realidade da empresa estudada. Desta maneira, considerando *n* como o mês e *m* o dia (ou instante) em verificação, sugere-se que seja feita a seguinte análise:

1. Se $E_{res\_m} \leq PR_n$: realizar pedido imediatamente;
2. Se $E_{res\_m} > PR_n$: verificar PR_{n+1};
   a. Se $E_{res\_m} \leq PR_{n+1}$: realizar pedido imediatamente;
   b. Se $E_{res\_m} > PR_{n+1}$: *não realizar o pedido neste momento.*

Ao realizar este procedimento, o comportamento previsto do estoque pode ser visto na Figura 50. Por falta de dados da empresa com relação às entradas de matéria-prima, considerou-se o estoque no primeiro dia útil do ano sendo igual ao LEC, ou seja, o primeiro recebimento do material.

Figura 50: Estudo de caso: controle de estoque contínuo.

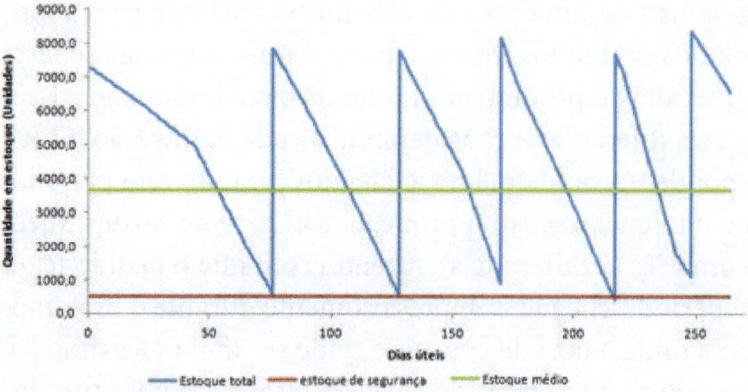

Fonte: Vasconcelos Segundo *et al.*, 2013.

Como pode ser visto na Figura 50, com o procedimento utilizado não houve falta do material, mas, ainda assim, houve a necessidade do uso do estoque de segurança que, em teoria, não deveria ser usado. Depois desta análise buscou-se verificar o comportamento adotando-se o controle de estoque periódico. Assim, o primeiro passo é encontrar a periodicidade de revisão do estoque, que foi de aproximadamente 51 dias úteis. Além disso, o estoque de segurança, que será diferente do utilizado no controle contínuo, foi calculado em 909 unidades. Assim, o nível de referência (*M*) calculado para cada mês é apresentado na Tabela 15.

Tabela 15: Estudo de caso: controle de estoque periódico.

Período	Demanda	Taxa de cons.	*M*	Período	Demanda	Taxa de cons.	*M*
JAN	1.111	50,48	4.593,53	JUL	2.998	136,27	10.855,90
FEV	1.236	56,18	5.009,04	AGO	4.544	206,51	15.983,37
MAR	3.112	141,44	11.233,63	SET	3.402	154,60	12.193,90
ABR	2.831	128,65	10.299,75	OUT	3.603	163,76	12.862,90
MAI	3.069	139,49	11.090,98	NOV	5.403	245,55	18.833,21
JUN	3.308	150,33	11.882,22	DEZ	2.489	113,09	9.164,12

Fonte: Vasconcelos Segundo *et al.*, 2013.

Desta forma, a cada 51 dias o estoque será verificado e a quantidade a ser pedida levará em conta o nível de referência. O tamanho do pedido será, então, a diferença entre as unidades remanescentes (mais as unidades em trânsito) e o nível de referência, ou seja, sendo ***m*** o dia da revisão e ***n*** o período (mês), tem-se: $Q_m = M_n - (E_{res\_m} + Qp)$. Considerando um estoque inicial igual ao LEC (para poder comparar com o controle periódico) e os valores da Tabela 15, haverá falta de estoque em agosto e novembro (meses com maior consumo). Isto ocorre porque a empresa apresenta uma grande variação da taxa de consumo e, consequentemente, os níveis de referência variaram muito. Desta maneira, simulou-se, também, a utilização de um nível de referência médio (*M=11.166,88 unidades*) calculado através de uma taxa de consumo média. Neste caso, também ocorreu falta do material nos meses de agosto e novembro. Desta forma, sugere-se um esquema de verificação semelhante ao formulado, para o controle de estoque contínuo. Logo, sendo ***i*** a data de verificação e ***j*** a data de recebimento do produto após ***i***, então a cada data de verificação ***i*** devemos observar:

1. Se $M_i \geq M_j$: Considerar M_i como o nível de referência para fazer o pedido;
2. Caso contrário: Considerar M_j como o nível de referência para fazer o pedido.

Para exemplificar, dada a primeira data de verificação 51 dias úteis após o 1º dia útil do ano, temos o 7º dia útil de março. A chegada, ocorrendo 22 dias úteis após, será no 7º dia útil de abril. Como $M_{março} > M_{abril}$, então a quantidade a ser pedida será: $Q=M_{março} - (E_{res\_7°março} + 0) = 11.233,6 - 3.983,9 \approx 7.250$ unidades. Note que nesta simulação os valores não foram arredondados para não se perder informação. Contudo, não há perda de generalidade. Desta forma, o comportamento do estoque pelo controle periódico é mostrado na Figura 51. Nota-se que apesar do consumo do estoque de segurança no mês de agosto, não houve a falta do material usando o procedimento proposto.

Figura 51: Estudo de caso: controle de estoque periódico.

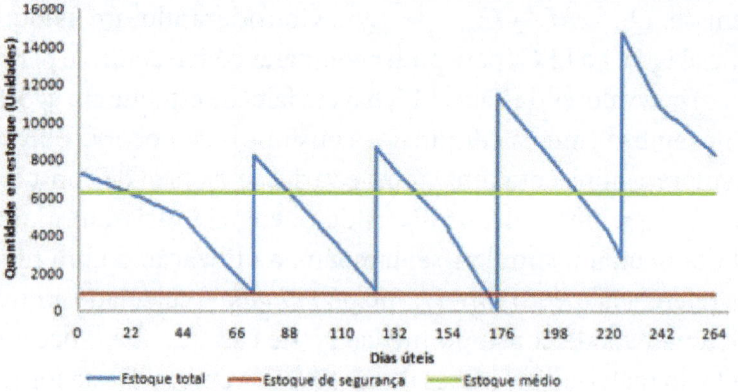

Fonte: Vasconcelos Segundo *et al.*, 2013.

Questão: Considerando as simulações apresentadas chega-se a um custo aproximado de: *Controle contínuo: CT* = (5*235,00) + (0,3*1,1) *(7270/2) = R$ 2.374,55; e *Controle periódico: CT* = (4*235,00) + (0,3*1,1) *(9.075/2) = R$ 2437,38. A diferença nos custos é de apenas R$ 62,82. Sabendo que a empresa trabalha com outros materiais que também precisam ser estocados, qual seria a sua decisão?

9.9 Questões para discussão

1. O que é estoque?
2. Quais são as desvantagens associadas a estocagem?
3. Quais são as razões para se manter estoques?
4. Quais são os principais custos de estoque?
5. O que é Lote Econômico de Compra?
6. Explique a relação entre profundidade dos estoques e amplitude dos riscos.
7. O que é controle de estoque?
8. Quais são os tipos de controle de estoque mais comuns? Defina e diferencie estes controles.
9. O que é curva ABC para a gestão de estoque?

REFERÊNCIAS

BALLOU, R. H. *Logística empresarial*: transportes, administração de materiais, distribuição física. 1. ed., 21ª reimpressão. São Paulo: Atlas, 2009.

BOWERSOX, D. J. & CLOSS, D. J. *Logística Empresarial*: o processo de integração da cadeia de suprimentos. 1. ed., 7ª reimpressão. São Paulo: Atlas, 2009.

CORRÊA, Henrique L; CORRÊA, Carlos A. *Administração de produção e operações: manufatura e serviços*: uma abordagem estratégica. 4. ed. São Paulo: Atlas, 2022.

COSTA, F. J. C. L. *Introdução à Administração de Materiais em Sistemas Informatizados*: Incluindo noções das Normas ISO 9000 e Administração do Patrimônio. São Paulo: iEditora, 2002.

DIAS, M. A. P. *Administração de materiais*: uma abordagem logística. São Paulo: Atlas, 2010.

MARTINS, P. G. & LAUGENI, F. P. *Administração da produção*. 2. ed. São Paulo: Saraiva, 2005.

MOREIRA, D. A. *Administração da Produção e Operações*. São Paulo: Cengage Learning, 2011.

MOURA, R. A. *Manual de logística*: Armazenagem e distribuição física. Vol. 2. São Paulo: IMAM, 1997.

ROSA, H; MAYERLE, S. F.; GONÇALVES, M. B. *Controle de Estoque por Revisão Contínua e Revisão Periódica*: Uma Análise Comparativa Utilizando Simulação. Produção. v. 20, nº 4, p. 626-638, 2010.

SLACK, N.; CHAMBERS, S.; JOHNSTON, R. *Administração da produção*. 4. ed. São Paulo: Atlas, 2015.

VASCONCELOS SEGUNDO, J. E.; FERRAZ SEGUNDO, D. W.; FONTANA, M. E. *Controle de estoque em pequena e média empresa localizada: um estudo de caso aplicado no polo de confecção do agreste de Pernambuco*. In: XX Simpósio de Engenharia de Produção, 2013, Bauru. XX SIMPEP, 2013.

10. PLANEJAMENTO DE VENDAS E OPERAÇÕES

Após estabelecer a capacidade em longo prazo (capítulo 8), os gerentes de produção devem decidir como ajustar a capacidade da operação a curto e médio prazo. Geralmente, isso envolve uma avaliação das previsões da demanda e, durante este período, a produção no tempo planejado pode ser variada. O responsável pela avaliação das alternativas de mudanças na capacidade é o **planejamento de vendas e operações (PVO)**, no inglês *Sales and Operations Plannning* – S&OP, antigamente chamado de *planejamento agregado* (Guerrini, 2019; Jacobs & Chase, 2012; Moreira, 2011).

O que vamos ver neste capítulo:

- Conceito geral sobre PVO;
- Objetivos do PVO;
- Decisões do PVO e dimensões de desempenho;
- Estratégias do PVO;
- Modelo de decisão.

10.1 O que é PVO?

Planejamento de vendas e operações (PVO) é um processo que ajuda a proporcionar um atendimento melhor ao cliente, reduzir o estoque, diminuir o tempo de espera do cliente, estabilizar as taxas de produção e dar direção, ou seja, uma condução aos negócios. O processo é projetado para ajudar uma empresa a ter a demanda e a oferta em equilíbrio, mantendo-os assim ao longo do tempo. Esse equilíbrio deve acontecer em um **nível agregado** e, também, no nível detalhado do produto individual (Guerrini, 2019; Moreira, 2011).

Avaliar em termos **agregados** significa que produtos e serviços diferentes são associados para se obter uma ampla visão da demanda e da capacidade. Esta agregação, mesmo que apenas em um primeiro momento, é necessária (Guerrini, 2019; Jacobs & Chase, 2012). Por exemplo:

- Um hotel pode considerar a demanda e a capacidade em termos de "pernoites mensais"; isso não leva em conta o número de hóspedes em cada quarto e suas exigências individuais, mas é uma primeira aproximação boa.
- Uma fábrica de computadores pode mensurar a demanda e a capacidade pelo número de unidades (computadores) que é capaz de produzir por mês, ignorando variações de configuração do produto final.

Essa agregação é importante devido ao horizonte de planejamento. Quando avançar para o plano de recursos (capítulo 11) essas necessidades serão desagregadas e detalhadas.

10.2 Objetivos do PVO

O PVO procura emparelhar a produção com a demanda ao menor custo possível. Faz isso a partir de um conjunto de alternativas de produção, previamente selecionadas, e a previsão da demanda para um período de 6 a 12 meses. Assim, ele fornece um quadro de referência para a busca e alocação de recursos transformadores e transformados: mão de obra, matéria-prima, máquinas, equipamentos etc.

A solução ao problema de PVO consiste em determinar, em cada período (normalmente o mês), a combinação de alternativas de produção, para que ao mesmo tempo em que atende à demanda, o custo total de produção (CP) tenha o menor valor possível. Assim, seis objetivos normalmente são considerados durante a elaboração de um plano (Moreira, 2011): minimizar custos/maximizar lucros; maximizar o nível de serviço; minimizar o investimento em estoque; minimizar alterações nas taxas de produção; minimizar alterações nos níveis de força de trabalho; maximizar a utilização da planta e do equipamento.

10.3 Decisões do PVO e dimensões de desempenho

Estas decisões afetarão as dimensões de desempenho (Guerrini, 2019; Jacobs & Chase, 2012).

Os **custos**, pois os níveis de capacidade superiores à demanda podem significar subutilização dos recursos e, assim, custos unitários elevados. Por outro lado, os níveis de capacidade iguais ou superiores à demanda assegurarão que toda a demanda seja satisfeita e nenhuma receita perdida. Porém, isso leva a necessidade da manutenção de estoque e, consequente, custos associados, bem como a imobilização de capital.

A **qualidade** dos bens ou serviços pode ser afetada pelo plano de capacidade que envolveu grandes flutuações em seus níveis ao contratar, por exemplo, funcionários temporários. Os novos funcionários e a interrupção da rotina de trabalho da operação podem aumentar a probabilidade de erros serem cometidos.

A **rapidez** da resposta à demanda do cliente pode ser aumentada pelo acúmulo de estoque ou por provisão deliberada de excesso de capacidade para evitar filas.

A **confiabilidade** da oferta também será afetada pela proximidade dos níveis de demanda em relação à capacidade. Quanto mais próxima a demanda estiver da capacidade máxima de produção, menos condições a operação terá para enfrentar quaisquer interrupções inesperadas.

A **flexibilidade**, especialmente a de volume, será aumentada pelo excesso de capacidade. Se a demanda e a oferta estiverem equilibradas, a operação não será capaz de responder a qualquer aumento inesperado da demanda.

Assim sendo, é importante analisar em cada período quais alternativas são mais interessantes para a empresa.

10.4 Alternativas de PVO

Como já mencionado, o PVO procura emparelhar a produção com a demanda ao menor custo possível, por meio de um conjunto de alternativas. Do ponto de vista da demanda é possível influenciar o deslocamento para outros períodos, fazendo-se uso de alternativas como (Moreira, 2011): incentivos, promoções de vendas, redução de preços, campanhas publicitárias e precificação criativa, através de campanhas promocionais, projetadas para aumentar vendas com precificação criativa.

Essas iniciativas não estão sob o controle do gestor da produção, mas vão influenciar diretamente na demanda prevista. Os gerentes da produção podem modificar a capacidade disponível atual, por meio de duas estratégias principais: correr atrás da demanda ou nivelar a produção (Moreira, 2011).

Lembrando que:

A capacidade instalada não pode ser modificada no curto e médio prazo. Assim, o PVO tem o objetivo de modificar a capacidade disponível.

10.4.1 Correndo atrás da demanda

Muito característico da produção puxada, nesta estratégia não se deseja manter estoques de um período ao outro. Assim, a cada mês, a produção será programada para atender apenas a demanda daquele mês, como mostra a Figura 52.

Figura 52: PVO: Corrida atrás da demanda.

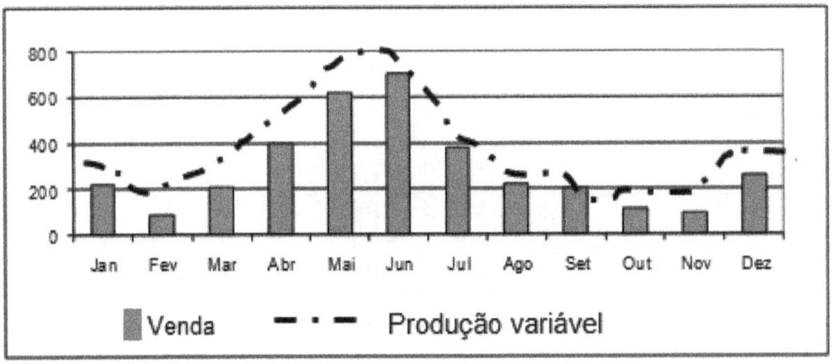

Fonte: Martins & Laugeni, 2005.

Para isso, os gestores podem utilizar alternativas como (Moreira 2011):

- Ajuste da força de trabalho: contratar e demitir pessoal para ajustar a demanda;

- Utilização da força de trabalho: aumentar ou diminuir o turno do serviço (uso de horas extras e de *undertime*);
- Programação de férias: uso do período de férias para a fábrica em geral, períodos de férias de "blecaute";
- Subcontratados: terceirização para superar faltas de capacidade de curto prazo.

10.4.2 Nivelar a produção

Por outro lado, especialmente na produção empurrada, o nível de produção é constante, estocando em períodos de oscilação, quando a demanda é baixa, para suprir os períodos de pico da demanda, como mostra a Figura 53.

Figura 53: PVO: Nivelar a produção.

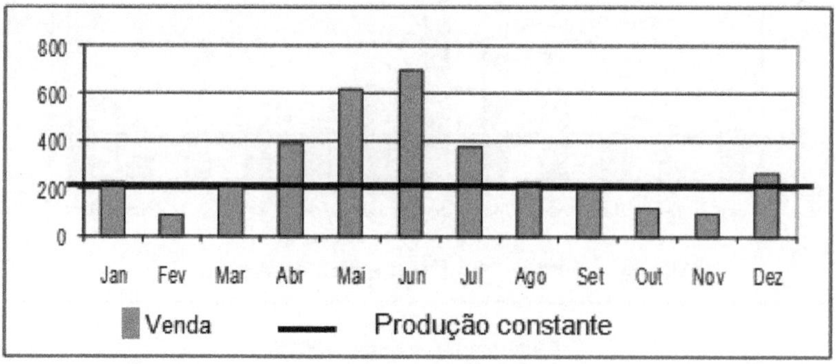

Fonte: Martins & Laugeni, 2005.

Aqui, as alternativas básicas são (Moreira, 2011) a manutenção de estoque, ou seja, usar os estoques para absorver as flutuações na demanda; e *backlog* (*backordering*), o acúmulo de pedidos prometidos para entrega em determinada data futura.

10.4.3 Shojinka, shoninka e shoryokuka

No sistema de produção enxuta, com produção puxada pela demanda, é comum utilizar a flexibilização da mão de obra para ajustar a produção com a demanda. Neste caso tem-se (*Lean Enterprise Institute*, 2023):

- ***Shojinka*:** relacionada à capacidade do sistema em responder as variações de demanda, através da flexibilização do número de trabalhadores na linha de produção. Às vezes é chamada de "linearidade do trabalho" para se referir à capacidade de uma linha de montagem ser equilibrada, mesmo quando o volume de produção flutua para cima ou para baixo. Três pré-requisitos para a realização do *Shojinka*: layout de máquinas adequado (normalmente células com linhas em U); operadores multifuncionais (treinados para operar qualquer tipo de máquina, em qualquer processo) e avaliação contínua das rotinas de operações padronizadas.
- ***Shoninka*:** significa "economia de mão de obra". Isto corresponde à melhoria dos procedimentos de trabalho, máquinas ou equipamentos, a fim de libertar unidades inteiras de trabalho (ou seja, uma pessoa) de uma linha de produção composta por um ou mais trabalhadores.
- ***Shoryokuka*:** significa "economia de trabalho" e indica melhoria parcial do trabalho manual, adicionando pequenas máquinas ou dispositivos para auxiliar o trabalho. Isso resulta em uma pequena quantidade de trabalho economizado, mas não em uma pessoa inteira como no shoninka. (Um acúmulo de economias de mão de obra shoryokuka, resulta em economia de mão de obra shoninka).

10.5 Modelo de tentativa e erro

Cada estratégia apresentada traz benefícios e custos. Portanto, devem ser analisadas período a período. Para isso, pode-se usar o modelo de tentativa e erro, que consiste em procurar uma composição das alternativas de produção baseando-se no bom senso. A partir de uma composição original de alternativas de produção, várias outras composições podem ser geradas e os seus custos comparados, escolhendo aquela que levar ao menor custo. Entretanto, não haverá garantias de que a solução escolhida seja ótima (Moreira, 2011).

10.5.1 Aplicação do modelo de tentativa e erro

Suponha, por exemplo, um processo produtivo em que se deseja fazer um PVO para os próximos quatro meses, considerando os seguintes custos:

- Contratação de pessoal: R$ 500,00/ funcionário;
- Demissão de pessoal: R$ 500,00/ funcionário;
- Custo de manutenção de estoque: R$ 5,00/ unidade/mês sob o estoque médio. Aqui o valor do estoque médio a considerar é a quantidade remanescente em estoque no final do mês;
- Custo regular da produção: R$ 5,00/ unidade;
- Custo da produção em horas extras: R$ 7,50/ unidade;
- Custo da produção por subcontratação (terceirização): R$ 10,00/ unidade;
- Custo por atrasos na entrega: R$ 10,00/ unidade/mês.

Suponha, ainda, que no momento de início do planejamento há oito funcionários e a produtividade média é de 50 unidades/ funcionário/mês. A previsão de demanda foi calculada em: Mês

1 = 500 unidades; Mês 2 = 400 unidades; Mês 3 = 300 unidades; Mês 4 = 500 unidades. Considerando que a produtividade de um funcionário novo seja igual a um funcionário antigo, estabeleça um PVO.

A Tabela 16 sumariza uma alternativa onde a produção seja constante em turno regular de trabalho, com apenas manutenção de um estoque de segurança de 50 unidades por mês e uso de demissão e admissão, sempre que necessário.

Tabela 16: Solução PVO: Conjunto de alternativas 1.

	Período				
	1	**2**	**3**	**4**	
Demanda	500	400	300	500	**Custos (R$)**
Estoque Inicial	50	50	50	50	
Nº inicial de funcionários	8	10	8	6	
Contratação	2			4	3.000,00
Demissão		2	2		2.000,00
Nº final de funcionários	10	8	6	10	
Produção					
Regular	500	400	300	500	8.500,00
Hora extra					
Subcontratação					
Total	500	400	300	500	
Estoque final	50	50	50	50	1.000,00
	Custo total:				**R$ 14.500,00**

Fonte: adaptado de Corrêa & Corrêa, 2022.

Agora, considere uma segunda alternativa dada por produção constante em turno regular, podendo-se usar turno extra, com manutenção de um estoque de segurança de no mínimo 50 unidades por mês. A Tabela 17 sumariza a solução.

Tabela 17: Solução PVO: Conjunto de alternativas 2.

	Período				
	1	2	3	4	
Demanda	500	400	300	500	**Custos (R$)**
Estoque Inicial	50	50	50	150	
Nº inicial de funcionários	8	8	8	8	
Contratação					
Demissão					
Nº final de funcionários	8	8	8	8	
Produção					
Regular	400	400	400	400	8.000,00
Hora extra	100				750,00
Subcontratação					
Total	500	400	400	400	
Estoque final	50	50	150	50	1.500,00
	Custo total:				**R$ 10.250,00**

Fonte: adaptado de Corrêa & Corrêa, 2022.

Agora, considere uma terceira alternativa dada pela produção constante em turno regular, podendo-se usar subcontratações. Não há estoque de segurança, mas pode estocar excedente. A Tabela 18 sumariza a solução.

Tabela 18: Solução PVO: Conjunto de alternativas 3.

	Período				
	1	**2**	**3**	**4**	
Demanda	500	400	300	500	**Custos (R$)**
Estoque Inicial	50	0	0	100	
Nº inicial de funcionários	8	8	8	8	
Contratação					
Demissão					
Nº final de funcionários	8	8	8	8	
Produção					
Regular	400	400	400	400	8.000,00
Hora extra					
Subcontratação	50				500,00
Total	450	400	400	400	
Estoque final	0	0	100	0	500,00
	Custo total:				**R$ 9.000,00**

Fonte: adaptado de Corrêa & Corrêa, 2022.

10.5.2 Comparando os resultados

Os custos totais das alternativas foram: Alternativa 1 = R$ 14.500,00; Alternativa 2 = R$ 10.250,00 e Alternativa 3 = R$ 9.000,00. Analisando apenas o custo total, a alternativa 3 seria a melhor, seguida da alternativa 2. Contudo, outros aspectos subjetivos devem ser analisados, pois irão corroborar ou não com a alternativa:

- Produção Subcontratada (terceirizada): para produtos que sejam críticos à empresa podem representar perda de controle gerencial. É importante que a empresa avalie o nível de confiança do seu terceirizado.

- Estoque de segurança: embora seja mais barato não manter estoque de segurança, essa seria uma alternativa arriscada, pois todo o planejamento é feito com base nas previsões, ou seja, a demanda real pode ser diferente, para mais ou para menos.
- Uso de horas extras: deve ser usada com cautela, pois, além de ser mais cara, normalmente leva à fadiga excessiva e desmotivação dos funcionários.

Contudo, sem dúvidas, a alternativa 1 é a mais arriscada. Modificar a força de trabalho, sempre que necessário, trata-se de uma cultura organizacional tóxica para os funcionários. Supor que um funcionário novo produzirá tanto quanto um funcionário antigo e treinado é algo que deve ser estudado e considerado com atenção.

> ***Consideração:*** *Embora a metodologia básica de PVO preveja apenas a análise dos custos envolvidos é importante observar o bem-estar dos colaboradores e as políticas internas da empresa.*

10.6 Questões para discussão

1. O que é PVO?
2. Quais são os objetivos do PVO?
3. Como as decisões do PVO impactam as dimensões de desempenho?
4. Analise as alternativas da seção 10.5.1 e classifique em: correr atrás da demanda ou nivelar a produção. Explique.

REFERÊNCIAS

CORRÊA, Henrique L; CORRÊA, Carlos A. *Administração de produção e operações: manufatura e serviços*: uma abordagem estratégica. – 4. ed. –São Paulo: Atlas, 2022.

GUERRINI, Fábio Müller. *Planejamento e controle da produção modelagem e implementação.* 2. ed. Rio de Janeiro: Elsevier, 2019.

JACOBS., R. F., CHASE, B. *Administração de Operações e da Cadeia de Suprimentos,* 13. Ed. AMGH, 2012.

LEAN ENTERPRISE INSTITUTE. Shojinka. 2023. Disponível em < https://www.lean.org/lexicon-terms/shojinka/ > Acesso em 17/11/2023.

MARTINS, P. G. & LAUGENI, F. P. *Administração da produção.* 2. ed. São Paulo: Saraiva, 2005.

MOREIRA, D. A. *Administração da Produção e Operações.* São Paulo: Cengage Learning, 2011.

11. PLANEJAMENTO DE RECURSOS

A elaboração do plano de recursos parte dos dados obtidos com o plano de vendas e operações (PVO) para definir as quantidades globais, os recursos necessários e a política de capacidade mais adequada à situação. Como já mencionado no Capítulo 6, o planejamento dos recursos em sistemas de produção empurrada difere da produção puxada. Aqui será estudada a **produção empurrada.** Ressalta-se que esse planejamento é ideal em processos por lote, produzidos em layout funcional, celular ou linear. Pode ser pouco útil em casos de produção em massa/contínuo, onde a produção seja constante e com baixíssima variedade de produtos.

O que vamos ver neste capítulo:

- *Master Production Schedule* – MPS;
- *Material Requirement Planning* – MRP.

11.1 Master Production Schedule - MPS

Após definir os níveis de produção, conforme as estratégias de nivelar a produção ou perseguir a demanda no planejamento de vendas operações (PVO), começa o problema de decidir quando e quanto de cada produto final, mas agora de maneira desagregada. Assim, o Plano Mestre de Produção (MPS - *Master Production Schedule*) é o documento que diz quais itens de demanda **independente** serão produzidos e quanto de cada um, para determinado período de tempo.

O MPS formaliza o PVO e o converte em necessidades específicas de material e capacidade. Seu objetivo é dirigir todo o sistema de produção e estoque, organizando as metas específicas de produção e respondendo às informações de todas as operações da linha de produção (Corrêa & Corrêa, 2022; Moreira, 2011). A Tabela 19 exemplifica o registro básico de MPS. O registro básico do MPS compreende (Corrêa & Corrêa, 2022):

- *Demanda total:* composta pela demanda independente (prevista), pela demanda dependente (calculada pelo MRP quando o item é considerando um componente de outro produto) e por pedidos em carteira (aqueles pedidos já firmados pelo cliente);
- *Estoque projetado:* quantidade que se espera estar disponível no final do período projetado;
- *Recebimento planejado:* representa a chegada das ordens planejadas;
- *Liberação da ordem:* início da produção ordem ocorre no período *t – LeadTime*. Neste momento, todos os componentes do produto final precisam estar disponíveis para que haja a etapa de finalização do lote demandado.

Tabela 19: Registro básico do MPS.

			Períodos (semanas)							
			1	2	3	4	5	6	7	8
Lote: L4L	Demanda independente (prevista)				20		50			100
	Demanda dependente									
Lead Time: 1	Pedidos em carteira						30			
	Demanda total				20		80			100
Estoque de segurança=0	Estoque projetado	40	40	40	20	20	0	0	0	0
	Recebimento planejado						60			100
	Liberação de ordem					60			100	

Fonte: adaptado de Corrêa & Corrêa, 2022.

Com base no registro do MPS é possível verificar o momento em que a produção dos componentes deve ser disparada para que as necessidades sejam atendidas no momento necessário.

11.2 Material Requirement Planning - MRP

Em sistemas de produção empurrada, a partir das informações do MPS, inicia-se o Planejamento das Necessidades de Materiais (MRP - *Material Requirement Planning*). O MRP é uma técnica para determinar a quantidade e o tempo para a aquisição de itens de demanda **dependente** (materiais ou componentes), necessários para satisfazer os requisitos do programa mestre de produção (MPS).

O sistema MRP é capaz de planejar as necessidades de materiais simultaneamente às alterações na programação da produção. Ele tem como principais objetivos: garantir a disponibilidade de materiais; manter o nível mais baixo possível para inventários e planejar atividade de suprimento, produção e programação (Dias, 2012). Em outras palavras, no MRP os recursos disponibilizados podem ser controlados de forma que materiais, componentes e produtos estejam disponíveis no momento certo, para atendimento das necessidades da produção e, consequentemente, do cliente.

A lógica do MRP é chamada de lógica de programação para trás (*backward sheduling*). Aqui, a programação das atividades (compra/produção) é feita para o momento mais tarde possível, de modo a minimizar os estoques. Parte da visão de futuro de necessidade de produtos acabados e depois vem "explodindo" as necessidades de componentes nível a nível para trás no tempo (Corrêa & Corrêa, 2022).

11.2.1 Políticas de gestão de materiais

Para entender o MRP antes **é preciso definir** as políticas de tamanho do lote de compra/produção. Algumas possibilidades comuns são (Corrêa & Corrêa, 2022):

- **Política de lotes mínimos:** devido aos custos associados ao *set-up* de máquinas e equipamentos pode haver uma quantidade mínima para considerar aquele lote na programação;
- **Política de lotes máximos:** devido ao mix de produtos pode ser necessário definir um máximo, de modo a aumentar a flexibilidade de programação dos demais produtos, especialmente porque o MRP não realiza a relação entre os produtos, podendo programar uma quantidade excedente de produção;
- **Política de períodos fixos:** normalmente está associado o LEC ou LEF, assim, sempre que for demandado será disparado o mesmo tamanho de lote. Quando isso ocorrer e for preciso uma quantidade maior deve-se trabalhar com múltiplos deste tamanho de lote;
- ***Lot-for-lot* (L4L):** qualquer quantidade necessária pode ser programada.

Além destas, as informações sobre os estoques disponíveis são essenciais para a operação de um sistema MRP. As políticas de controle de estoque definem, especialmente, o estoque de segurança (ES), a fim de absorver eventuais ocorrências não previstas. Estas informações devem vir do tipo de controle de estoque escolhido pela empresa para cada produto (Capítulo 9).

Por fim, é fundamental conhecer bem os tempos de ressuprimento (*lead times* – LT). Dentre as principais vantagens de reduzir os LT de produção e compras estão: diminuir o tempo de processo, diminuir o tempo de entrega, aumentar a rapidez em atender as mudanças do mercado, redução de estoques, entre outras. Uma ferramenta muito útil para a análise dos *lead times* é o gráfico de *gantt*, pois além de apresentar os tempos de ressuprimento, traz uma visualização clara de início e fim de cada etapa, em termos de materiais, como exemplifica a Figura 54.

Figura 54: Gráfico de Gantt para lead times.

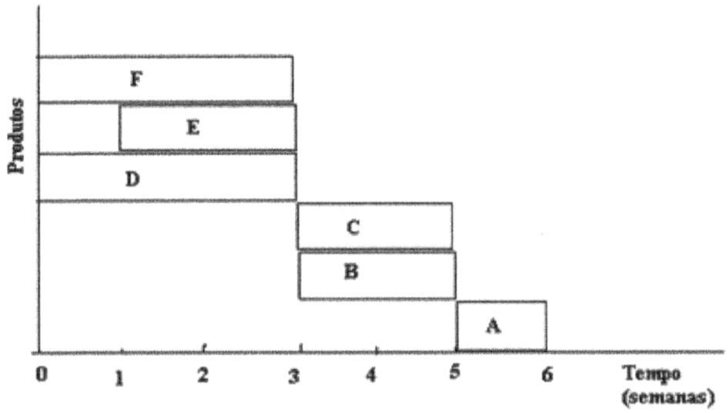

Fonte: a autora (2024).

Com base neste gráfico é possível verificar que o *lead time* total mínimo de produção será de seis semanas. Logo, a promessa de um lote A, de hoje para daqui a quatro semanas significa, automaticamente, que a produção está em atraso.

11.2.2 Elementos do MRP

O MRP faz muito uso de aspectos cognitivos, ao explorar figuras e tabelas como mecanismos facilitadores das informações, em que destaca a lista de material (*Bill of Material* – BOM), com o projeto detalhado do produto em desenho 3D e a árvore da estrutura de produto. O BOM basicamente trata-se da "explosão" do produto (item pai) em todos os seus componentes (itens filhos), subcomponentes (itens netos) etc., como exemplifica a Figura 56.

Figura 55: Lista de material (BOM): (a) Desenho detalhado e (b) Estrutura de produto.

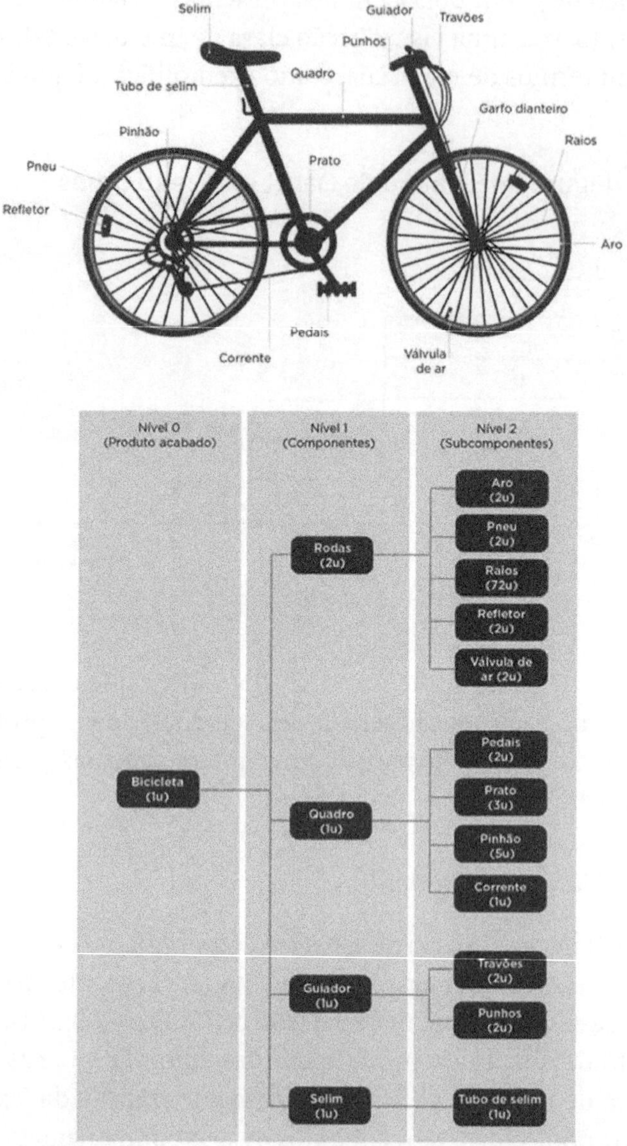

Fonte: Mecalux News. Disponível em: https://www.mecalux.com.br/blog/lista-materiais-bom. Acesso em: 20/10/2023.

Além destas imagens são muito úteis as listas de materiais: "endentada" e a "explosão de necessidades bruta de materiais". Para exemplificar, suponha um produto final A composto por: 2 unidades de B e 4 unidades de C, em que o componente B é feito de 3 unidades de D e 2 unidades de E, enquanto o componente C é feito de 2 unidades de F e 2 unidades de E. Com essas informações é possível chegar à estrutura de produto apresentada na Figura 56.

Figura 56: Estrutura de produto.

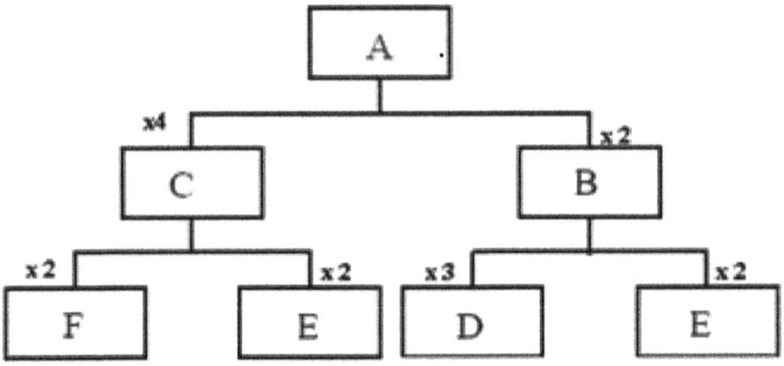

Fonte: a autora (2024).

Considerando os *lead times* da Figura 54 e uma demanda de 100 unidades do produto A, a Tabela 20 apresenta a lista dos materiais.

Tabela 20: Lista de materiais.

Endentada	Quant. Explosão de necessidades brutas de materiais		
	Quantidade	Produzido/comprado	*Lead time*
0. A	100	Produzido	1 semana
1. B	200	Produzido	2 semanas
2. D	600	Comprado	3 semanas
2. E	400	Comprado	2 semanas
1. C	400	Produzido	2 semanas
2. F	800	Comprado	3 semanas
2. E	800	Comprado	2 semanas

Fonte: a autora (2024).

11.2.3 Registro básico do MRP

O registro básico do MRP compreende (Corrêa & Corrêa, 2022):

- Necessidades brutas: traz exatamente a necessidade de disponibilidade do item (representa saída de material);
- Recebimento programado: representa a chegada de material em MRP anterior;
- Estoque projetado: quantidade que se espera estar disponível no final do período projetado;
- Recebimento de ordens planejadas: quantidades que deverão estar disponíveis no início do período;
- Liberação de ordem: início da produção ou compra.

Suponha que, para o caso apresentado na Tabela 20, existe um estoque no momento zero (atual) de 100 unidades de B e 300 unidades D. Apenas o item D deve ter a manutenção de um estoque de segurança de 20 unidades. Como política de lote foi definida o LEF de 60 unidades para C e o LEC de 40 unidades para F. Aos demais itens considerar L4L. Definir o MPS e MRP para a necessidade de 100 unidades de A para a semana 8.

__Lembrando que:__ no MPS sabemos quando (t) o produto final deve estar pronto, mas ao inserir essa informação no MRP, a liberação da ordem ocorre no período t – LT.

Tabela 21: Registro do MRP.

Plano Mestre de Produção (MPS)			Períodos (semanas)							
Item A			1	2	3	4	5	6	7	8
	Demanda independente (prevista)									100
Lote: L4L	Demanda dependente									
	Pedidos em carteira									
LT: 1	Demanda total									100
ES=0	Estoque projetado	0	0	0	0	0	0	0	0	0
	Recebimento planejado									100
	Liberação de ordem								100	
Item B			Períodos (semanas)							
			1	2	3	4	5	6	7	8
Lote: L4L	Necessidade Bruta								200	
	Recebimento programado									
LT: 2	Estoque disponível	100	100	100	100	100	100	100	0	0
	Recebimento planejado								100	
ES=0	Liberação de ordem						100			
Item C			1	2	3	4	5	6	7	8
Lote: 60	Necessidade Bruta								400	
	Recebimento programado									
LT: 2	Estoque disponível	0	0	0	0	0	0	0	20	20
	Recebimento planejado								420	
ES=0	Liberação de ordem						420			
Item D			1	2	3	4	5	6	7	8
Lote: L4L	Necessidade Bruta						300			
	Recebimento programado									
LT: 3	Estoque disponível	300	300	300	300	300	20	20	20	20
	Recebimento planejado						20			
ES=20	Liberação de ordem			20						
Item E			1	2	3	4	5	6	7	8
Lote: L4L	Necessidade Bruta						1040			
	Recebimento programado									
LT: 2	Estoque disponível	0	0	0	0	0	0	0	0	0
	Recebimento planejado						1040			
ES=0	Liberação de ordem				1040					
Item F			1	2	3	4	5	6	7	8
Lote: 40	Necessidade Bruta						840			
	Recebimento programado									
LT: 3	Estoque disponível	0	0	0	0	0	0	0	0	0
	Recebimento planejado						840			
ES=0	Liberação de ordem			840						

Fonte: adaptado de Corrêa & Corrêa, 2022.

Por meio do registro do MRP é possível visualizar quando que a compra dos itens D e F devem ser feitas na semana 2, para que cheguem a tempo de iniciar a produção dos componentes filhos até o produto final (pai) A.

11.3 Questão para discussão

Na gestão de sistemas empurrados tem-se: o planejamento da capacidade instalada, a previsão de demanda, o Planejamento de Vendas e Operações (PVO), o Planejamento Mestre da Produção (MPS) e o Planejamento de Requisitos de Materiais (MRP).

- O que cada planejamento é responsável por fazer?
- Quais são as relações entre eles?

REFERÊNCIAS

CORRÊA, H. L. & CORRÊA, C.A. Administração de produção e operações: manufatura e serviços: uma abordagem estratégica. 4. ed. 3ª reimpressão. São Paulo: Atlas, 2022.

CORRÊA, H. L. & GIANESI, I. G. N., Just in time, MRP II e OPT: um enfoque estratégico. 2. ed. São Paulo: Atlas, 1993.

DIAS, Marco Aurélio P. Administração de materiais: princípios, conceitos e gestão. 6. ed. São Paulo: Atlas, 2012.

GUERRINI, Fábio Müller. Planejamento e controle da produção modelagem e implementação. 2. ed. Rio de Janeiro: Elsevier, 2019.

JACOBS, F. Robert; CHASE, R. B. Administração de Operações e da Cadeia de Suprimentos. 13. ed. AMGH, 01/2012.

MONDEN, Y. Sistema de produção Toyota. 3. ed. Tokio, Eng Mng P, 1998.

MOREIRA, D. A. Administração da Produção e Operações. São Paulo: Cengage Learning, 2011.

12. SEQUENCIAMENTO, PROGRAMAÇÃO E CONTROLE DA PRODUÇÃO (SPCP)

Como resume a Figura 58, depois que o MPS e o MRP dizem o que será feito (quais e quanto de produto final e materiais, respectivamente), começa o problema de **Sequenciar, Programar e Controlar a Produção** (SPCP).

Figura 57: Sequência de planejamento – produção empurrada.

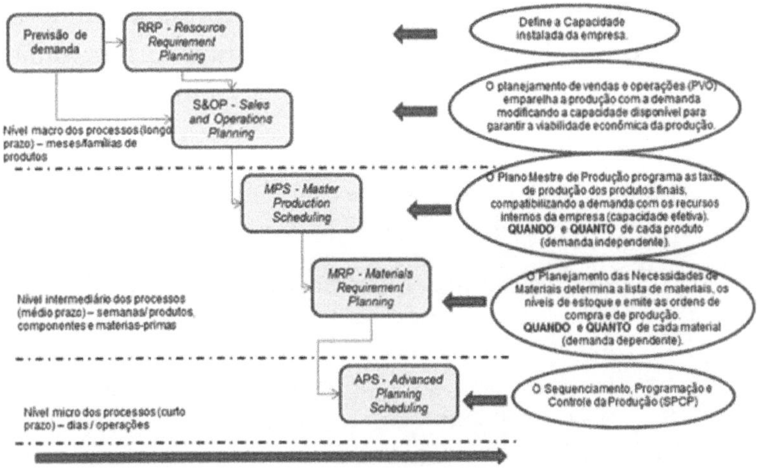

Fonte: adaptado de Guerrini, 2019 e Corrêa & Corrêa, 2022.

Em resumo, o MPS e o MRP trabalham as necessidades de cada produto final separadamente, definindo por semana o que precisa estar pronto. Contudo, especialmente em processos por lote, ao verificar o MPS e o MRP de todos os itens, possivelmente ocorrerá a necessidade da produção de outros itens na mesma semana. Assim, precisa-se definir a produção diária, de modo a relacionar todos os produtos e as necessidades estabelecidas no MPS e MRP.

Assim, os objetivos do SPCP são (Jacobs & Chase, 2012; Moreira, 2011):

- Permitir que os produtos tenham a qualidade especificada;
- Fazer com que máquinas e pessoas operem como os níveis desejados de produtividade;
- Reduzir os estoques e os custos operacionais;
- Manter ou melhorar o nível de atendimento ao cliente.

Contudo, esses objetivos são conflitantes, tornando necessário o uso de técnicas adequadas para a correta tomada de decisão.

Vamos ver nesse capítulo:

- *Sequenciamento* = Determinação da sequência do desempenho da ordem de trabalho, ou seja, estabelecimento de prioridades do trabalho;
- *Programação* = Alocação de pedidos, equipamentos e pessoal aos centros de processamento;
- *Controle* de chão de fábrica.

12.1 Sequenciamento das operações

Sequenciamento das operações refere-se à definição das prioridades (a ordem), de acordo como as atividades devem ocorrer em um sistema de operações, no intuito de atingir um conjunto de objetivos de desempenho.

O processo de decidir que tarefa fazer primeiro em determinado centro de trabalho é denominado ***sequenciamento*** *ou definição de prioridades.*

(Moreira, 2011)

Regras ou disciplinas de sequenciamento são as normas utilizadas na obtenção dessa definição de prioridades e levam em conta algumas informações. As regras de prioridade mais comuns são (Guerrini, 2019; Jacobs & Chase, 2012; Moreira, 2011):

1. Primeiro que entra é o Primeiro que sai (PEPS ou FIFO): as ordens são executadas na ordem em que chegam.
2. Menor Tempo de Processamento (MTP), ou SPT – *Shortest Processing Time*: executa primeiro o trabalho com o menor tempo de processamento (conclusão) e, assim, sucessivamente.
3. Menor prazo restante primeiro (EDD – *Earliest Due Date*), ou menor Data Devida (DD): executa primeiro o trabalho com o menor prazo.
4. Último que entra é o primeiro que sai (UEPS ou LIFO): conforme as ordens chegam, são colocadas no topo da pilha. O operário, geralmente, pega primeiro a ordem de cima para executar.
5. Tempo de folga (STR – *Slack Time Remaining*): as ordens com o menor tempo de folga (STR) são executadas primeiro, como mostra a Eq. (1):

$$STR = Data\ Devida - Tempo\ de\ Processamento \quad (1)$$

6. Tempo de folga por operação (STR/OP – *Slack Time Remaining per Operation*): as ordens com o menor período de folga, por número de operações são executadas primeiro, como vemos na Eq. (2):

$$STR\,/\,OP = STR\,/\,\textit{Número de operações} \qquad (2)$$

7. Razão Crítica (RC - *Critical Ratio*): faz a relação entre o tempo de processamento (TP) e o prazo restante para entrega, Eq. (3). Esse prazo é a diferença entre a data devida (DD) e a data atual (DA). Assim, uma ordem já sequenciada influenciará diretamente na sequência da próxima, devido à mudança do prazo restante para entrega. Assim, é a única regra dita dinâmica.

$$RC = \frac{TP}{DD - DA} \qquad (3)$$

8. Ordem aleatória (*random order*) ou imprevisível (*whim*): os supervisores ou operários, geralmente, selecionam qualquer trabalho que quiserem realizar no momento.

12.2 Programação das operações

Programação das operações consiste em alocar no tempo as atividades, obedecendo ao sequenciamento definido e ao conjunto de restrições considerado. De acordo com Moreira (2011), as técnicas disponíveis para programar a produção variam de acordo com a natureza do Sistema Produtivo em:

- Programação para projetos;
- Programação para sistemas de baixo a médio volume;
- Programação para sistemas de médio a alto volume.

Aqui, vamos relatar separadamente, seguindo como referência Moreira (2011).

12.2.1 Programação para projetos

Um projeto é um conjunto de atividades que tem um ponto inicial e estado final definidos, persegue uma meta definida e usa um conjunto definido de recursos (Slack *et al.*, 2009). Projetos são constituídos de um conjunto único de operações projetadas para atingir certos objetivos, dentro de um dado limite de tempo (Moreira, 2011).

Ainda de acordo com Moreira (2011), todos os projetos possuem um objetivo, um resultado final ou *output*, que é normalmente definido em termos de custo, qualidade e prazos para o resultado das atividades do trabalho. São "únicos", pois mesmo os projetos "repetidos", uma mesma planta industrial, por exemplo, terá diferenças em termos de recursos usados e do ambiente real, no qual a proposta acontece.

Projetos possuem natureza temporária, uma vez que tem um início e um fim bem definidos, assim uma concentração provisória de recursos é necessária para levar adiante o empreendimento. Além disso, todos os trabalhos possuem algum grau de complexidade. Muitas tarefas diferentes são necessárias para atingir os objetivos de um projeto. O relacionamento entre todas essas tarefas pode ser complexo, especialmente quando o número das atividades separadas no projeto é grande. Todos os projetos são planejados antes de serem executados e, portanto, carregam um elemento de risco. Assim, todas as tarefas planejadas precisam lidar com algum grau de incerteza.

Desta forma, a Gestão de projetos (programação e controle de projetos) possibilita às equipes melhor utilização dos recursos individuais dos seus membros ao oferecer uma estrutura eficiente de definição, planejamento e gestão do trabalho no projeto, independentemente da estrutura da organização favorecer isso ou não. A gestão de projetos sempre exige o compromisso entre custo e tempo. Manter os custos em níveis aceitáveis é quase sempre tão importante quanto cumprir as datas programadas.

A etapa de desenvolvimento do cronograma emprega um processo sistemático que torne o cronograma previsível e crível. Um cronograma é criado a partir de dois elementos: (a) Relacionamento lógico entre tarefas (relação de dependência e sequência - diagrama de rede) e (b) Estimativas de tempo para cada tarefa. Quando colocadas em uma linha de tempo, estas duas informações transformam-se em um cronograma de projeto (Corrêa & Corrêa, 2011).

12.2.1.1 Diagrama de rede

No diagrama de rede cada atividade possui um início e um fim, que são pontos no tempo. Esses pontos no tempo são conhecidos como eventos. As atividades são representadas por setas e os eventos — ponto inicial ou final — por círculos (chamados também de nós). A seta aponta para o círculo que representa o evento final, para dar a ideia de progressão no tempo. As atividades são representadas por números ou letras e os círculos são numerados em ordem crescente, da esquerda para a direita. Moreira (2011) relata a convenção para construção de diagramas de rede:

- Cada atividade é representada por uma única seta, cujo comprimento não precisa guardar relação com a duração da atividade.
- A direção da seta indica as progressões no tempo, como se vê na Figura 58.

Figura 58: Diagrama de rede – progressão no tempo.

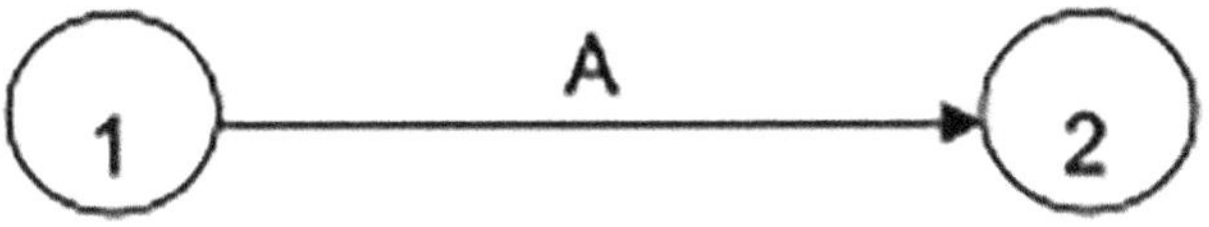

Fonte: Moreira, 2011.

- Se uma atividade começa em um evento (nó), ela só pode iniciar-se depois que todas as atividades, terminando aquele evento, tenham sido completadas. No exemplo da Figura 59, é o caso da atividade G em relação aos seus predecessores D, E e F.

Figura 59: Diagrama de rede – atividades predecessoras.

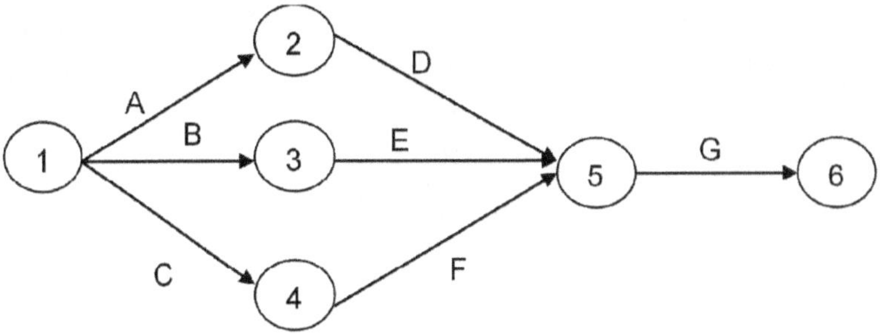

Fonte: Moreira, 2011.

- É impróprio que duas atividades tenham os mesmos nós, inicial e final. A representação da Figura 60 mostra que a atividade C só pode começar depois que, tanto A quanto B, tenham sido concluídas. A representação é inconveniente, pois tanto A quanto B têm os mesmos nós, inicial e final.

Figura 60: Diagrama de rede – mesmo nó inicial e final.

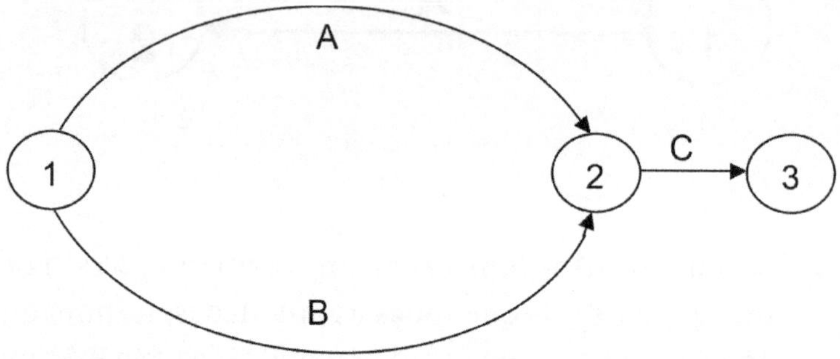

Fonte: Moreira, 2011.

Corrige-se tal situação criando uma atividade fantasma (Figura 61), com duração zero e sem influência real no diagrama de rede, apenas para auxiliar na individualização das atividades. Nota-se que C depende diretamente de A e de B' que, por sua vez, não pode se iniciar antes que B esteja concluída. Logo, indiretamente, fica estabelecida a relação de dependência entre as atividades. Isso é especialmente útil quando há um número expressivo de atividades para a definição do caminho crítico, principalmente quando nos referimos ao uso de softwares específicos.

Figura 61: Diagrama de rede – atividade fantasma 1.

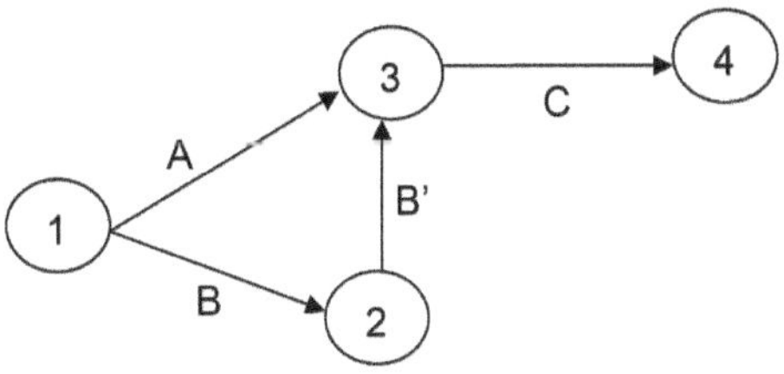

Fonte: Moreira, 2011.

- Outra situação em que uma atividade fantasma pode ser usada é apresentada na Figura 62. Neste caso, C dependente tanto de A, quanto de B, mas D depende apenas de B.

Figura 62: Diagrama de rede – atividade fantasma 2.

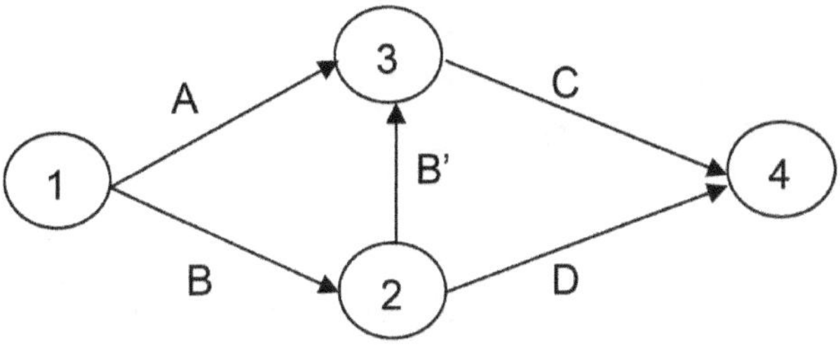

Fonte: Moreira, 2011.

O Quadro 15 apresenta um exemplo de desenvolvimento de um diagrama de rede, a partir da informação de atividades precedentes ou procedentes.

Quadro 15: Exemplo de diagrama de rede.

Atividade	Precedente	Procedente
A	--	C
B	--	D, F
C	A	E
D	B	E
E	C, D	--
F	B	--

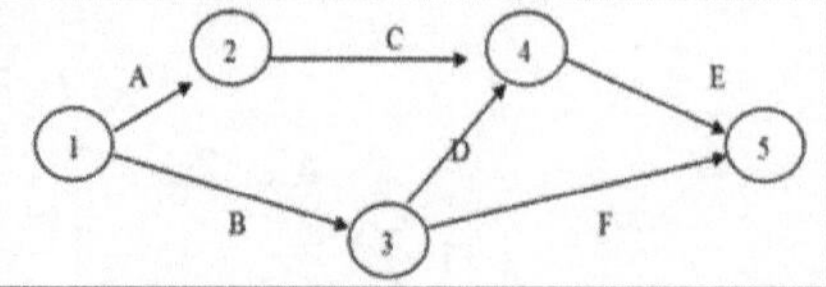

Fonte: a autora (2024).

12.2.1.2 Duração do projeto

Há basicamente duas técnicas para determinar a duração de um projeto ao custo mínimo (Moreira, 2011):

- PERT (*Program Evolution and Review Technique*) é usado tipicamente em projetos cuja estimativa de tempo **não** é conhecida com certeza, sendo obrigatório o uso de conceitos estatísticos;
- CPM (*Critical Path Method*) é usado para projetos cujos tempos de operações podem ser considerados **determinísticos.**

No caso do CPM cada atividade tem uma só medida (determinística) de tempo. Já ao PERT, aplicado quando as atividades têm certa imprecisão na duração, são feitas três estimativas:

- OTIMISTA (a): **tempo mínimo** – supondo condições totalmente favoráveis;
- MAIS PROVÁVEL (m): **tempo normal** – resultado que ocorreria mais frequentemente, se a atividade fosse feita um grande número de vezes;
- PESSIMISTA (b): **tempo máximo** – supondo condições totalmente desfavoráveis.

Uma hipótese que se faz é a de que os tempos das atividades são divididos segundo uma distribuição beta, onde a estimativa MAIS PROVÁVEL é a moda. Assim, a duração esperada (t_i) de uma atividade qualquer i pode ser calculada aproximadamente pela Eq. (1).

$$t_i = \frac{a + (4 \times m) + b}{6} \quad (1)$$

Uma hipótese adicional que se faz é a de que o desvio padrão (σ_i) da duração de uma atividade qualquer i é igual a 1/6 da faixa de tempo entre as durações extremas, como mostra a Eq. (2).

$$\sigma_i = \frac{b - a}{6} \quad (2)$$

Em outras palavras, os valores extremos da variável estão distantes cerca de 3 desvios padrão da média.

12.2.1.3 Determinação do caminho crítico

Um caminho é qualquer sequência de atividades que leve do nó inicial ao nó final. Para o exemplo do Quadro 15 tem-se: C1 = A-C-E; C2 = B-D-E e C3 = B-F. A partir do conhecimento dos tempos de cada atividade, seja por estimativas do PERT ou determinísticas do CPM, a duração do caminho é a soma das durações de todas as atividades que o compõe. Aquele de maior duração é o **caminho crítico.** Qualquer atraso nas atividades do caminho crítico gera atraso do projeto (folga zero). Na prática, um projeto pode possuir centenas ou milhares de atividades e determinar manualmente o caminho crítico e inviável. Assim, sendo t_i a duração da atividade i, o caminho crítico pode-se determinar conhecendo (Moreira, 2011):

- DATA MAIS CEDO DE ÍNICIO (DCI) – é a data mais próxima em que uma atividade pode começar, assumindo que todas as atividades predecessoras começam tão cedo quanto possível. Em outras palavras, DCI será a maior das DCT dentre todas as atividades que chegam ao nó, Eq. (3).

$$DCI_i = MaxDCT_{i-1} \qquad (3)$$

- DATA MAIS CEDO DE TÉRMINO (DCT) – é a data mais próxima em que uma atividade pode terminar, Eq. (4).

$$DCT_i = DCT_i + t_i \qquad (4)$$

- DATA MAIS TARDE DE INÍCIO (DTI) – é a data mais atrasada em que a atividade pode começar, sem que atrase o projeto, Eq. (5).

$$DTI_i = DTT_i - t_i \qquad (5)$$

- DATA MAIS TARDE DE TÉRMINO (DTT) – é a última data em que a atividade pode terminar, sem que atrase o projeto, Eq. (6).

$$DTT_i = MinDTI_{i+1} \qquad (6)$$

As folgas são o tempo que a atividade pode se atrasar sem, com isso, retardar a data de término de um projeto. Há duas formas de calcular: DTI_i–DCI_i ou DTT_i–DCT_i. É importante calcular das duas formas, pois caso haja algum erro na determinação dos tempos, as folgas diferentes para a mesma atividade evidenciarão o erro.

*O **caminho crítico** será aquele no qual as atividades apresentam folga zero.*

*As atividades que formam o caminho crítico são denominadas **atividades críticas.***

*As demais atividades, **não criticas**, apresentam uma folga em sua duração.*

(Moreira, 2011)

Como exemplo, considere as atividades descritas na Tabela 22. A partir do conhecimento da duração otimista, mais provável e pessimista de cada atividade, é possível determinar a duração esperada e o desvio padrão da estimativa, utilizando a técnica do PERT.

Tabela 22: Gestão de projeto – Estimativa dos tempos.

Atividade	Precedente	Duração (dias)			Duração esperada	Desvio Padrão
		Otimista	Mais provável	Pessimista	t_i	σ_i
A	--	17	24	25	23	1,3
B	--	6	8	12	8,3	1
C	--	4	5	10	5,7	1
D	A	1	4	5	3,7	0,7
E	B	3	8	10	7,5	1,2
F	C	5	5	5	5	0
G	D	5	6	8	6,2	0,5
H	E	15	20	24	19,8	1,5
I	G, H, F	10	15	18	14,7	1,3
J	I	10	10	10	10	0

Fonte: Moreira, 2011.

A partir do conhecimento dos tempos de cada atividade inicia-se a determinação das datas DTI, DCI, DCT e DTT, como mostra a Tabela 23. As setas ilustram a ordem em que os cálculos devem ser realizados. Consequentemente, o caminho crítico será dado por **B-E-H-I-J**, ou seja, as atividades com folga zero. Ao visualizar o diagrama de rede da Figura 63 é possível confirmar que o caminho é válido, ou seja, corresponde do início ao fim do projeto.

Tabela 23: Gestão de projeto – duração do projeto.

Atividade	Precedente	t_i	DCI	DCT	DTI	DTT	FOLGAS	
							DTI-DCI	DTT-DCT
A	--	23	0	23	2,7	25,7	2,7	2,7
B	--	8,3	0	8,3	0	8,3	0	0
C	--	5,7	0	5,7	24,9	30,6	24,9	24,9
D	A	3,7	23	26,7	25,7	29,4	2,7	2,7
E	B	7,5	8,3	15,8	8,3	15,8	0	0
F	C	5	5,7	10,7	30,6	35,6	24,9	24,9
G	D	6,2	26,7	32,9	29,4	35,6	2,7	2,7
H	E	19,8	15,8	35,6	15,8	35,6	0	0
I	G, H, F	14,7	35,6	50,3	35,6	50,3	0	0
J	I	10	50,3	60,3	50,3	60,3	0	0

Fonte: adaptado de Moreira, 2011.

Figura 63: Gestão de projeto - diagrama de rede do Exemplo.

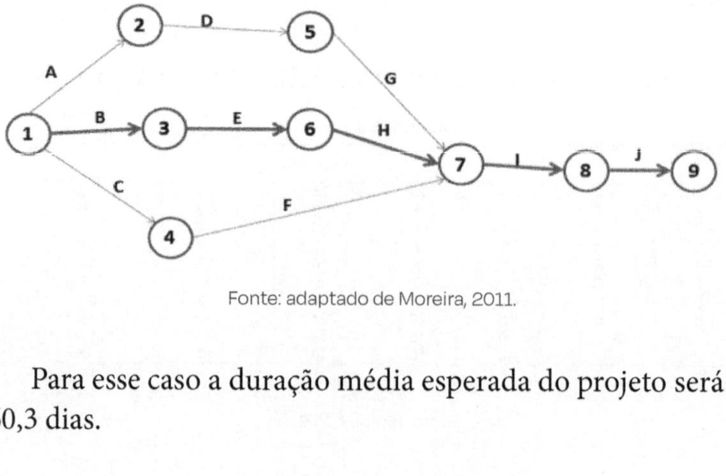

Fonte: adaptado de Moreira, 2011.

Para esse caso a duração média esperada do projeto será de 60,3 dias.

12.2.1.4 Variabilidade da duração de um projeto

Em uma rede PERT iremos analisar a variabilidade da duração de um projeto apenas com base no caminho crítico. Assumimos que (Moreira, 2011):

- A duração esperada de um projeto é a soma das durações esperadas das atividades que compõe o caminho crítico.
- A variância da duração de um projeto é a soma das variâncias das atividades que compõe o caminho crítico.
- Embora os tempos de cada atividade tendam a seguir uma distribuição beta, pressupõe-se que a duração do projeto se distribui segundo uma normal. Hipótese essa que é tanto mais razoável quanto maior for o número de atividades que compõe o caminho crítico.

Para o exemplo da Tabela 22 tem-se que:

$$\sigma^2 = \sigma_B^2 + \sigma_E^2 + \sigma_H^2 + \sigma_I^2 + \sigma_J^2 = (1)^2 + (1,2)^2 + (1,5)^2 + (1,3)^2 + (0)^2 = 6,38,$$

portanto σ=*2,5*. Dada a duração média esperada do projeto de 60,3 dias, suponha que se deseje saber qual é a probabilidade do (Moreira, 2011):

a. Projeto demorar no mínimo 62 semanas:

$$z = \frac{x - \mu}{\sigma} = \frac{62 - 60,3}{2,5} = 0,68 \therefore P(z \geq 0,68) = 24,88\%.$$

b. Projeto demorar no máximo 50 semanas:

$$z = \frac{x - \mu}{\sigma} = \frac{50 - 60,3}{2,5} = -4,12 \therefore P(z \leq -4,12) = 0\%$$

c. Projeto demorar entre 57 e 65 semanas. Utilizando a distribuição normal tem-se:

$$z_1 = \frac{57-60,3}{2,5} = -1,32 \text{ e}$$

$$z_2 = \frac{65-60,3}{2,5} = 1,88 \therefore P(-1,32 \le z \le 1,88) = 87,65\%$$

Com esse tipo de análise dos gestores conseguimos estimar as consequências. Fundamentalmente relevante para a comercialização dos projetos.

12.2.2 Programação para sistemas de baixo a médio volume

Aqui estamos falando de fluxo intermitente com processo em *jobbing* ou lote/batelada com baixo a médio volume de produção. Assim, duas questões básicas são tratadas:

- Programação de *n* trabalhos (produtos) por um processador único;
- Programação de *n* trabalhos por dois processadores em séries.

12.2.2.1 N trabalhos por único processador

Primeiramente, para dar continuidade, algumas definições básicas são necessárias:

- Tempo de Processamento do trabalho *i* (TP): é o tempo efetivamente gasto desde que o trabalho começa a ser processado até o seu término;

- Tempo de Espera do trabalho *i* (TE): é a soma dos tempos decorridos desde a entrada do primeiro trabalho no centro até o início de processamento do trabalho *i* (tempo de espera para começar);
- Tempo de Término do trabalho *i* (TT): TP+TE, ou seja, é o tempo total que o trabalho espera até que termine o seu processamento;
- Data Devida de um trabalho *i* (DD): é a data na qual o trabalho deveria estar pronto;
- Atraso de um trabalho *i* (AT): TT–DD (vale zero se TT<DD).

Tomemos como base as ordens hipotéticas da Tabela 24. Para definir a programação devem-se comparar as diferentes regras de sequenciamento. Considerando as regras (a) Primeiro que Entra é o Primeiro que Sai (PEPS ou FIFO) e (b) Menor Tempo de Processamento (MTP) têm-se as consequências apresentadas na Tabela 25.

Tabela 24: Ordens recebidas.

Produto (em ordem de chegada)	Tempo de Processamento (em dias)	Dada Devida (dias, a partir de hoje)
A	3	5
B	4	6
C	2	7
D	6	11
E	1	2

Fonte: adaptado de Moreira, 2011.

Tabela 25: Programação das ordens.

PEPS					
Produto	**TP**	**DD**	**TE**	**TT**	**AT**
A	3	5	0	3	0
B	4	6	3	7	1
C	2	7	7	9	2
D	6	11	9	15	4
E	1	2	15	16	14
Total			34	50	21
Médias			6,8	10	4,2
MTP					
Produto	**TP**	**DD**	**TE**	**TT**	**AT**
E	1	2	0	1	0
C	2	7	1	3	0
A	3	5	3	6	1
B	4	6	6	10	4
D	6	11	10	16	5
Total			20	36	10
Médias			4	7,2	2

Fonte: adaptado de Moreira, 2011.

Note que a primeira ação é definir a sequência dos produtos. Depois disso, verificam-se as consequências em termos de tempo de espera, tempo de término e atrasos. No exemplo, embora em ambas as regras haja atrasos, o MTP se mostrou mais eficiente com 10 dias de atraso, enquanto o PEPS com 21 dias. O mesmo procedimento deve ser realizado com todas as regras admissíveis pela empresa. Na regra RC é preciso entender que o sequenciamento deve ser feito por etapas, para, somente após isso, determinar as consequências deste sequenciamento. Para o mesmo exemplo anterior teríamos uma sequência dada por B, E, A, C e D, como mostra a Tabela 26. Após isso, determinam-se as consequências da mesma maneira que foi feita para o PEPS e o MTP.

Tabela 26: Sequência dada pela regra razão Crítica – RC.

Produto	TP	DD	RC (DA= 0)
A	3	5	3/(5-0) =0,6
B	4	6	4/(6-0)=0,66*
C	2	7	2/(7-0)= 0,28
D	6	11	6/(11-0)=0,54
E	1	2	1/(2-0)=0,5
Produto	**TP**	**DD**	**RC (DA= 4)**
A	3	5	3/(5-4) = 3
C	2	7	2/(7-4)= 0,66
D	6	11	6/(11-4)=1
E	1	2	1/(2-4)= -0,5**
Produto	**TP**	**DD**	**RC (DA= 5)**
A	3	5	3/(5-5) = 0***
C	2	7	2/(7-5)= 1
D	6	11	6/(11-5)=1
Produto	**TP**	**DD**	**RC (DA= 8)**
C	2	7	2/(7-8)= -2
D	6	11	6/(11-8)=2

* Maior RC significa menor prazo de entrega disponível, portanto, prioridade no sequenciamento;
** RC negativo significa que a produção deste produto já está atrasada;
*** RC "zero" significa que a data devida é igual a data atual, ou seja, o produto vai atrasar.
Fonte: adaptado de Moreira, 2011.

A Tabela 27 compara seis regras de sequenciamento para o exemplo proposto.

Tabela 27: Comparação das regras de sequenciamento.

Critério	PEPS	MTP	DD	UEPS	STR	RC
Tempo Médio de espera	6,8	**4**	4,6	6	4,6	5,4
Tempo Médio de término	10	**7,2**	7,8	9,2	7,8	8,6
Atraso máximo	14	**5**	5	11	5	5
Atraso médio	4,2	**2**	2	4	2	2,8
N° de serviços em atraso	4	**3**	3	3	3	4

Fonte: adaptado de Moreira, 2011.

> ***Importante:*** *o resultado depende da característica dos processamentos e não das regras especificamente.*

12.2.2.2 N trabalhos por dois processadores em séries

Suponha-se agora que existam *n* trabalhos (produtos/lotes) que devem passar primeiro pelo processador 1 e depois pelo processador 2, nesta ordem. Para resolver essa programação pode-se fazer uso das regras apresentadas anteriormente, mas foi desenvolvida uma específica, chamada *Regra de Johnson*. Esta estabelece que dados os tempos de processamento de *n* trabalhos em dois processadores, verificar qual o menor TP, independentemente de ser no 1 ou 2. Se o menor TP for do processador 1, o trabalho é alocado no primeiro lugar vago, caso contrário, deve ser alocado no último lugar vazio. Repetir para os *n* trabalhos.

Como exemplo, considere cinco clientes, numerados pela ordem de chegada, aguardando atendimento em um salão de beleza. Todas as clientes, obrigatoriamente, passam pela lavagem dos cabelos X e depois para o corte Y. Os tempos (em minutos) necessários para executar as atividades dependem do tipo do cabelo e variam conforme estimativa da Tabela 28.

Tabela 28: Exemplo *n* trabalhos por dois processadores em séries.

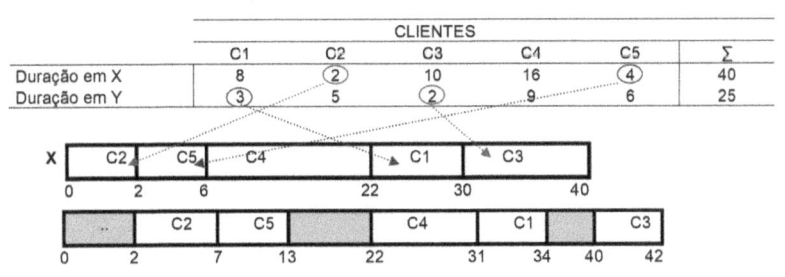

	CLIENTES					
	C1	C2	C3	C4	C5	Σ
Duração em X	8	(2)	10	16	(4)	40
Duração em Y	(3)	5	(2)	9	6	25

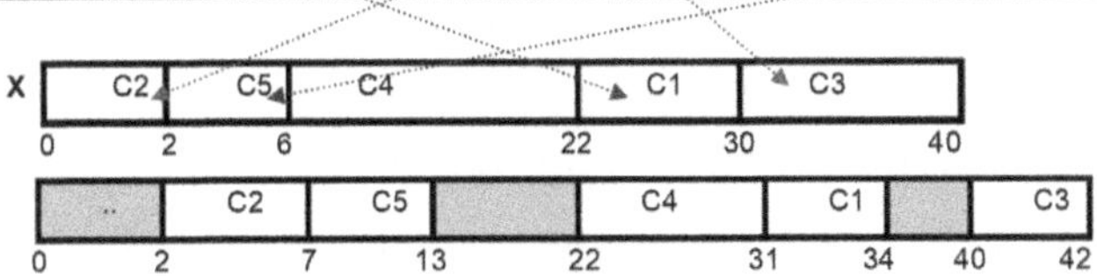

Fonte: adaptado de Moreira, 2011.

Assim, seguindo a *Regra de Johnson* tem-se o sequenciamento dado por: C2 - C5 - C4 - C1 - C3. A eficiência deste sequenciamento será dada por:

$$Eficiência = \frac{40+25}{2 \times 42} = 0,7738 \rightarrow 77,38\%..$$

A título de comparação, considerando a regra PEPS, teríamos:

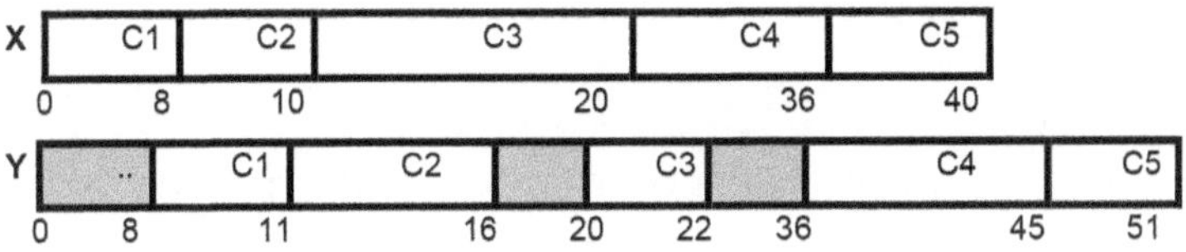

Neste caso a eficiência é dada por:

$$Eficiência = \frac{40+25}{2 \times 51} = 0,6372 \rightarrow 63,72\%.$$

A *Regra de Johnson* se mostrou mais eficiente para o caso ilustrado.

12.2.3 Programação sistemas de médio a alto volume

Aqui temos o problema da produção de lotes (intermitente), mas por meio do arranjo físico em linha (por produto). Desta maneira, há duas questões a responder: Quanto produzir de cada produto (tamanho do lote)? Em que ordem os lotes devem ser produzidos? O tamanho do lote pode ser definido de várias maneiras, como discutido no Capítulo 9. Aqui vamos considerar o tamanho do lote econômico de fabricação (LEF). Para a programação, uma técnica útil é o **Tempo de esgotamento (TE)**, Eq. (7).

$$TE = \frac{Estoque\,disponível}{Taxa\,de\,consumo} \qquad (7)$$

Essa técnica é dita dinâmica, pois programa um produto a cada rodada de produção. Aqui, quanto menor o TE, mais cedo o produto estará em falta. Para exemplificar, considere uma fábrica de refrigeradores que processa três modelos diferentes na mesma linha de produção, conforme dados da Tabela 29.

Tabela 29: Tempo de esgotamento – dados preliminares.

Modelo	**LEF** (unidades)	**Duração da rodada** (semanas)	**Estoque inicial** (unidades)	**Taxa de consumo** (unidades/ semana)
1	2.200	2	5.000	900
2	1.750	1,5	4.300	600
3	1.500	1	3.800	550

Fonte: adaptado de Moreira, 2011.

Calculando a primeira rodada do TE tem-se: TE1= 5,56; TE2= 7,17; e TE3= 6,91. Assim, o primeiro modelo a entrar na linha de produção deve ser o modelo 1. Com isso, os dados do estoque na Tabela 29 devem ser atualizados, lembrando que o modelo 1 demora 2 semanas para terminar o LEF. Assim, o estoque deve ser atualizado considerando o consumo de duas semanas e apenas o modelo 1 receberá um lote no final deste período, como mostra a Tabela 30.

Tabela 30: Tempo de esgotamento – rodadas.

Modelo	**LEF** (unidades)	**Taxa de cons.** (uni. / semana)	**Estoque inicial** (unidades)	**TE**	**Estoque final** (unidades)
			RODADA 1		
1	2.200	900	5.000	**5,56**	5.000 - (2×900) + 2.200 = 5.400
2	1.750	600	4.300	7,17	4.300 - (2 × 600) = 3.100
3	1.500	550	3.800	6,91	3.800 - (2×550) = 2.700
			RODADA 2		
1	2.200	900	5.400	6,00	5.400 - (1×900) = 4.900
2	1.750	600	3.100	5,17	3.100 - (1×600) = 2.500
3	1.500	550	2.700	**4,91**	2.700 - (1x550) + 1.500 = 3.650
			RODADA 3		
1	2.200	900	4.900	5,00	4.900 - (1,5×900) = 3.550
2	1.750	600	2.500	**4,17**	2.500 - (1,5×600) + 1.750 = 3.350
3	1.500	550	3.650	6,64	3.650 - (1,5×550) = 2.825

Fonte: adaptado de Moreira, 2011.

O procedo da Tabela 30 deve ser continuado, enquanto o cenário permanecer com as informações levantadas.

12.3 Controle das operações

Controle de operações consiste na atividade de coletar e analisar informações realimentadas do desempenho efetivo de um dado conjunto de funções ou processos, com o intuito de monitorar e sistematicamente disparar ações úteis no caso de discrepâncias significativas entre o desempenho efetivo e o desempenho planejado, continuamente alterando, quando adequado, parâmetros ou políticas usadas nestas funções ou processos (Jacobs & Chase, 2012). As principais funções do controle de chão de fábrica são:

1. Atribuição de prioridade para cada ordem da fábrica;
2. Manutenção das informações sobre a quantidade de trabalho em processamento;
3. Transmissão das informações sobre a situação da ordem de produção ao escritório;
4. Fornecimento de dados reais de saída para propósitos de controle da capacidade;
5. Fornecimento de quantidade por localização por ordem de fábrica, para propósitos de estoque e contabilidade de material em processamento;
6. Medição da eficiência, da utilização e da produtividade da força de trabalho e das máquinas.

No capítulo 14 serão apresentadas algumas ferramentas da qualidade úteis para ajudar no controle do processo.

12.4 Questões para discussão

1. O que significa sequenciar a produção?
2. Qual é o foco da programação da produção?

3. Segundo Moreira (2011), as técnicas disponíveis para programar a produção variam em função da natureza do sistema produtivo. Diferencie-as.
4. Para que serve o controle da produção?

REFERÊNCIAS

CORRÊA, H. L. & CORRÊA, C. A. *Administração de produção e operações*: manufatura e serviços: uma abordagem estratégica. 4. ed. 3ª Reimpressão. São Paulo: Atlas, 2022.

GUERRINI, Fábio Müller. *Planejamento e controle da produção modelagem e implementação*. 2. ed. Rio de Janeiro: Elsevier, 2019.

JACOBS, R., CHASE, F., B. *Administração de Operações e da Cadeia de Suprimentos*. 13. Ed. AMGH, 2012.

MOREIRA, D. A. *Administração da Produção e Operações*. São Paulo: Cengage Learning, 2011.

13. SISTEMA *JUST IN TIME* (JIT)

Os sistemas puxados são típicos da produção enxuta em que se destaca o sistema *Just In Time* (JIT) para o planejamento e controle do processo. O JIT é uma abordagem disciplinada, que visa aprimorar a produtividade global e eliminar os desperdícios. Ele possibilita a produção eficaz em termos de custo, assim como o fornecimento apenas da: Quantidade certa, no lugar certo e na hora/momento certo, utilizando o mínimo de instalações, equipamentos, materiais e recursos humanos. Para isso, o JIT é dependente do balanço entre a flexibilidade do fornecedor e a flexibilidade do usuário (Corrêa & Corrêa, 2022; Corrêa & Gianesi, 1993; Monden, 1998).

O que vamos ver neste capítulo:

- Planejamento de recursos;
- Programação e controle da produção;
- Melhoria contínua.

13.1 Planejamento de recursos

A ideia geral do JIT é que os itens devem ser transportados para o local correto com sua quantidade exata, no momento certo, para que a produção possa fazer uso da melhor forma, pois se o item chegar tarde há paralisação no processo produtivo e chegando muito cedo haverá um acúmulo de itens sem utilidade naquele momento, requerendo espaço e capital, entre outros problemas relatados no Capítulo 9 (controle de estoque). Levando em consideração que a produção enxuta tem como finalidade a eliminação dos desperdícios que venham a acontecer nos processos produtivos, o planejamento e controle da produção por meio do JIT será um processo puxado pela demanda do cliente, seja ele interno ou externo à organização. Nesse sentido, caso seja necessário realizar a compra ou a produção de um item, a mesma só será realizada mediante a confirmação do pedido do cliente, ou seja, os itens são comprados, produzidos e ou transportados apenas no momento exato em que forem necessários para uso/consumo e na quantidade certa a ser consumida (Moreira, 2011).

> *O* ***Just in Time*** *tem o objetivo de atender a demanda instantaneamente, evitando desperdícios e mantendo uma qualidade elevada da produção.*

Assim, o planejamento de recursos no JIT considera um horizonte de planejamento menor do que nos sistemas empurrados, normalmente de 1 a 3 meses. Assim, no mês corrente, o MPS é balanceado em bases diárias, a fim de garantir carga uniforme para as máquinas e para os fornecedores. Isso porque a programação da produção desigual e flutuante causa variações no fluxo de trabalho, que criam confusão, complicam a gerência de tempo e obscurecem oportunidades de melhoria (Moreira, 2011; Slack *et al.*, 2015).

Esse balanceamento, ou nivelamento da produção, é chamado de *Heijunka*, que significa equalizar o mix e volume de produção ao longo de um dia, uma semana e um mês. Em outras palavras, é a criação de uma programação nivelada através do sequenciamento de pedidos em um padrão repetitivo. Essa programação utiliza também o nivelamento das variações diárias de todos os pedidos para corresponder à demanda no longo prazo, ou seja, é consistente com a ideia da produção contra pedido. Aqui a programação de produção permite a combinação de itens diferentes de forma a garantir um fluxo contínuo de produção, nivelando também a demanda de recursos de produção. O *Heijunka* permite a produção em pequenos lotes e a minimização do inventário (estoques). Assim, define uma determinada sequência de montagem que, se repetida ciclicamente, é capaz de atender a demanda de cada um dos diferentes modelos, como se estivessem sendo montados em linhas exclusivas (Corrêa & Gianesi, 1993; Monden, 1998).

13.2 Programação e controle da produção – kanban

O Kanban é um método de autorização da produção e movimentação do material no sistema JIT. Usado para retirar as peças em processamento de uma estação de trabalho e puxá-las para a próxima estação do processo produtivo, ele informa ao processo-fornecedor exatamente **o que, quanto** e **quando** produzir, permitindo que se tenha um método simples e visual de controle de processos. Quando o kanban é aplicado sozinho, ele apenas ajuda a limitar os níveis de estoques, servindo para apontar possíveis problemas. A resolução destas questões só é alcançada com a aplicação das ferramentas do JIT como um todo. Todos os conceitos apresentados aqui foram baseados nos trabalhos de Corrêa & Corrêa (2022), Corrêa & Gianesi (1993) e Monden (1998).

Existem várias formas de se trabalhar a programação puxada via sistema kanban, sendo que na forma padrão os dispositivos normalmente empregados são: Cartão kanban, Contentores, Painel kanban e Supermercado.

13.2.1 Cartão kanban

O cartão kanban é responsável pela comunicação e pelo funcionamento de todo o sistema. Nele devem estar contidas as informações mínimas para o bom funcionamento da linha de produção. Sendo necessário, ele poderá conter um número maior de informações, desde que sejam importantes para a área específica.

Há três tipos de cartões kanban: produção e transporte (internos) e fornecedor (externo).

- **Cartão Kanban de Produção:** também chamado de kanban em processo, é empregado para autorizar a fabricação ou montagem de determinado lote de itens. O kanban de produção circula entre um centro de produção e seu posto de armazenagem respectivo.
- **Cartão Kanban de Transporte:** permite que as movimentações de itens dentro da fábrica sejam incluídas na lógica do sistema puxado. O fluxo de informações para a movimentação, assim como para a produção, se dá sem a interferência do pessoal do PCP. O kanban de transporte circula entre os postos de armazenagem de dois centros e de produção contíguos.

Figura 64: Fluxo de materiais e cartões kanban.

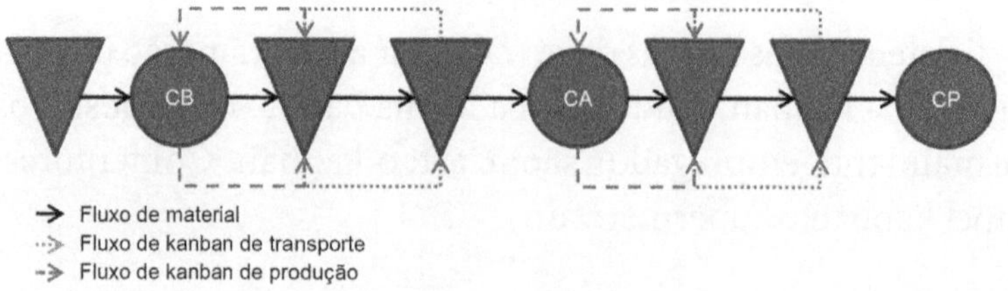

Fonte: adaptado de Monden, 1998.

- **Cartão Kanban de Fornecedor:** O uso do sistema puxado com os fornecedores simplifica e racionaliza todas as atividades logísticas de reposição dos itens comprados. Visto que os fornecedores parceiros ficam previamente autorizados a reporem os lotes padrões, a partir do recebimento dos cartões kanban.

13.2.2 Contentores

Cada lote de produtos é armazenado num recipiente padronizado (contentor), com um número definido de peças e um cartão correspondente. Assim, cada cartão kanban de produção corresponde ou representa um contentor. Neste caso, diz-se que o contentor é "escravizado", ou seja, ele é específico de um material, peça ou componente.

Quando o contentor está cheio, o cartão kanban deve permanecer fixado junto ao contentor. Quando todos os contentores estão cheios, a máquina para de produzir até que retorne outro vazio, que funciona como uma "ordem de produção". Desta forma, os estoques de produtos em processo são limitados a capacidade de contentores.

Quando o setor cliente for retirar um contentor do estoque, o operador deve retirar o cartão de produção do contentor que está levando para consumo e colocar o cartão no quadro kanban, de acordo com o seu respectivo local no quadro.

13.2.3 Painel ou quadro kanban

É muito importante observar a ordem de colocação dos cartões no quadro. Observando o exemplo da Figura 65, os cartões kanban devem ser afixados da faixa verde para a vermelha.

Figura 65: Painel ou porta kanban.

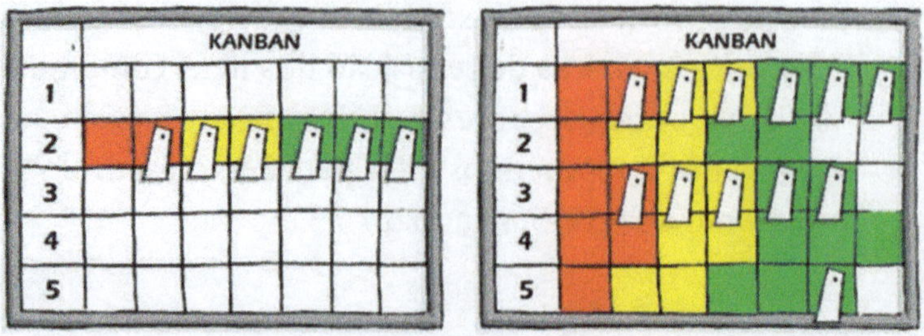

Fonte: adaptado de Monden, 1998.

O fornecedor, interno ou externo, ao ver os cartões no quadro kanban, saberá quantos contentores foram retirados do estoque e isto funciona como uma autorização para produzir a peça. Será produzida apenas a quantidade de contentores representada pelos cartões no quadro. Em outras palavras, o número de cartões kanban está diretamente relacionado com a velocidade de consumo na linha de montagem e com o tempo de reposição necessário ao ressuprimento dos lotes. Quanto mais contentores forem retirados, maior será o número de cartões no quadro do seu fornecedor (interno ou externo).

Cartão na faixa vermelha significa que o estoque deste item está no final e que o seu fornecedor deve acelerar a produção para repor o estoque necessário. Assim, os operadores devem evitar que os cartões cheguem à faixa vermelha. Por outro lado, se algum item do quadro estiver vazio, significa que todos os contentores do item estão completos. Esta condição significa que o item não deve ser produzido, sob pena de causar elevação desnecessária do estoque.

As peças com prioridade de produção são aquelas cuja linha correspondente está mais próxima da faixa vermelha, que é considerada a **faixa crítica** do quadro kanban. Observando a Figura

65, os componentes das linhas 1 e 3 estão cheios de cartões, enquanto a linha 5 possui apenas um cartão. Isso significa que esses componentes deverão ser produzidos em primeiro lugar.

Quando um cartão é perdido e não é reposto e colocado no quadro, implica a existência de material no estoque, quando na verdade não existe, ou seja, a perda de um cartão kanban pode provocar a parada das linhas de produção.

Quando mais vazio estiver o quadro, maior será o estoque de peças prontas por outro lado;

Quanto mais cheio de cartões o quadro kanban estiver, menor será o estoque de peças prontas.

13.2.4 Supermercado

Local predeterminado de armazenagem onde os contentores com os lotes padrões e os cartões kanban dos itens são colocados à disposição dos clientes (internos ou externos). A implantação do kanban tende a diminuir a quantidade de itens estocados, pela redução do tamanho e pelo aumento do giro dos lotes. Assim, os supermercados podem ser posicionados dentro do chão de fábrica, o mais perto possível dos fornecedores e clientes, evitando-se os armazéns centralizados. A vantagem desta descentralização dos estoques está na aceleração dos tempos de movimentação na entrega e no consumo dos lotes, que por si só levam a nova redução dos estoques, num ciclo de melhoramentos contínuos.

13.2.5 Dinâmica do kanban

O número de cartões kanban entre dois centros de produção determina o estoque de materiais entre estes dois centros, pois a cada kanban corresponde um contentor padronizado de peças. A existência de contentores vazios ou cartões no quadro indica que está na hora de abastecer o estoque. Tudo é feito apenas de forma visual, sem necessidade de formulários, ordens de compra ou ordens de produção. Para entender a dinâmica do kanban (Figura 66), suponha que para a montagem de um produto acabado sejam necessárias peças do tipo A. Com isso, os passos da dinâmica do kanban podem ser sumarizados em:

1. O operador retira a última peça A de um contentor, que se encontra no seu posto de montagem do produto acabado (CP);
2. O contentor tem prendido nele o kanban de transporte (KT-A) que permite sua movimentação até o centro produtivo (CA), que finaliza a fabricação das peças A. Funcionários responsáveis pela movimentação de materiais levam o contentor vazio e o kanban de transporte ao centro produtivo marcado no cartão (CA);
3. Funcionários responsáveis pela movimentação dirigem-se ao centro de produção de finalização da peça A (CA), deixam o contentor vazio e levam um cheio para a linha de montagem;
4. O kanban de produção (KP-A) que estava preso ao contentor cheio é transferido para o painel de produção do centro de peças A, para que um novo lote seja finalizado;
5. Para produzir um lote da peça A, o operador do centro CA utiliza um contentor de peças B;

6. O operador libera o kanban de transporte (KT-B) que estava preso ao contêiner de peças B, para que o pessoal de movimentação possa transferir mais um lote de peças B, do centro CB para o centro CA.
7. O funcionário de movimentação deixa o contêiner vazio no centro CB e leva um cheio. O kanban de transporte acompanha toda a movimentação.
8. O kanban de produção (KP-B) preso ao contêiner cheio de B é transferido para o painel de produção de CB, e assim por diante.
9. Voltando ao centro de produtos acabados (CP), ao terminar o lote o operador prende o kanban de produção ao contêiner (KP-P) e deposita o conjunto no local de armazenamento (supermercado).

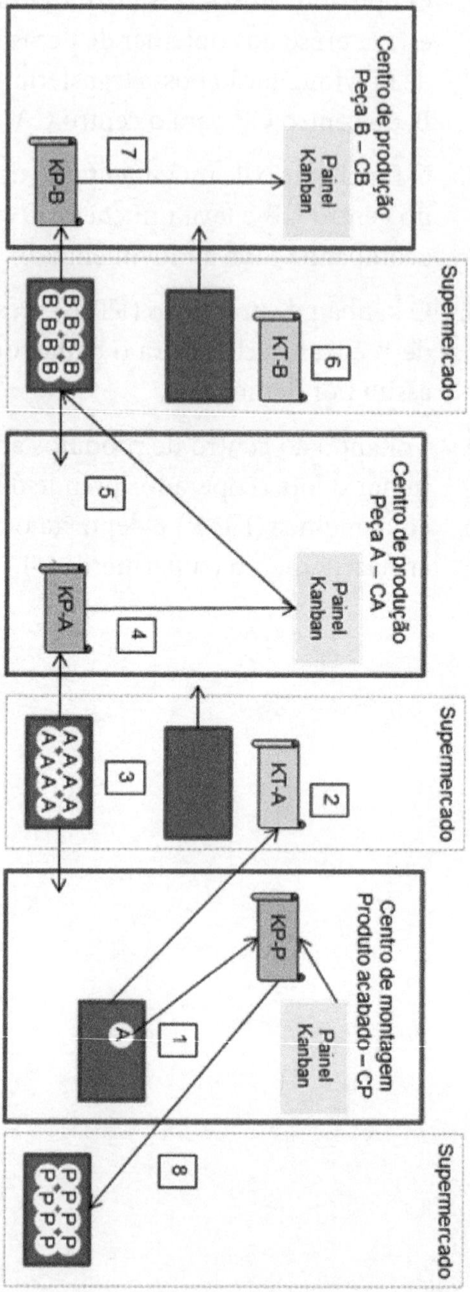

Figura 66: Dinâmica do kanban.

Fonte: adaptado de Monden, 1998.

13.2.6 Dimensionamento do sistema

Para o planejamento e a montagem dos supermercados do sistema kanban precisam-se definir duas variáveis: o tamanho do lote para cada cartão e o número de lotes, ou cartões, que comporão o supermercado desse item. Em situações onde não é possível produzir lote a lote, deve-se definir também uma terceira variável que é o número de lotes de disparo da produção.

Em relação ao tamanho do lote, em teoria, usar lote econômico (LEC) e procurar trabalhar com lotes menores possíveis. Na prática, existem alguns fatores do chão de fábrica relacionados à logística de armazenagem e fornecimento que irão balizar a definição do tamanho do lote no sistema kanban: tamanho do contentor, tamanho do lote de produção do equipamento fornecedor, limitações de peso para movimentações manuais, dinâmica de consumo pelo cliente etc.

Em relação ao **número de lotes (cartões),** em geral, o número de cartões kanban produção e transporte são iguais, distribuindo o estoque entre os postos de armazenamento dos dois centros. O processo de redução gradual do estoque pode ser feito retirando-se cartões do sistema. Sem kanban de produção o centro não pode acionar a produção. Sem kanban de transporte o material não é movimentado. Assim, o número de cartões, consequentemente contentores, necessários para operar uma linha pode ser definido pela Eq. (1).

$$K = \frac{d}{c} \times (w + p) \times (1 + \alpha) \qquad (1)$$

Em que:

K - Número total de kanban;

d - Demanda do centro consumidor por unidade de tempo;

c – Tamanho do lote ou capacidade do contentor;

w – Tempo de espera do lote no centro produtor, em fração por dia;

p – Tempo de processamento do lote no centro produtor, em fração por dia;

α– Fator de segurança (associado ao estoque de segurança).

13.3 Melhoria contínua – kaizen

O processo de implementação da filosofia JIT não começará e terminará em períodos definidos de tempo. Trata-se de um processo contínuo e gradual de aperfeiçoamento, denominado Kaizen, que engloba os seguintes aspectos: a) zero defeitos; b) tempo zero de preparação; c) estoques zero; d) movimentação zero; e) quebra zero; f) *lead time* zero; g) lote unitário (Corrêa & Gianesi, 2010; Monden, 1998). Na medida em que as melhorias são feitas, o estoque pode ser diminuído. Na medida em que novos problemas se tornam visíveis, devem ser resolvidos antes que novas reduções no estoque possam ser feitas (Slack, Brandon-Jones & Johnston, 2015; Moreira, 2011).

13.4 Vantagens e limitações do JIT

As principais vantagens do sistema de produção JIT estão na contribuição à estratégia competitiva da empresa, através da melhoria dos principais critérios competitivos: Redução de custos; Melhoria da qualidade; Aumento da flexibilidade, através da resposta do sistema, atingido pela redução dos tempos de processamento; Aumento do fluxo; Maior confiabilidade do sistema, pela robustez do sistema, atingida através da maior visibilidade dos problemas e soluções dos mesmos.

Como limitação destaca-se sua dependência de demanda estável para balancear o fluxo de produção, o que muitas vezes não é possível devido às oscilações do mercado. Além disso, o sistema kanban prevê certo estoque entre os centros de produção, caso a variação de produtos seja alta, o fluxo não será contínuo, aumentando os níveis de estoques, contraditório a filosofia JIT. Vale destacar que o excesso de estoque **é mensurável, já a falta, não é.**

13.5 Questões para discussão

1. Explique a relação entre o MPS e o Kanban.
2. Qual a importância dos cartões no kanban?
3. Como o tamanho do estoque é restringido no kanban?
4. O que acontece se a demanda por produtos não for uniforme?

REFERÊNCIAS

CORRÊA, H. L. & GIANESI, I. G. N., *Just in time, MRP II e OPT:* um enfoque estratégico. 2. ed. São Paulo: Atlas, 1993.

CORRÊA, H. L; GIANESI, I. G. N.; CAON, M. *Planejamento e controle da produção:* MRP II/ERP: conceitos, uso e implantação. 4. ed. 9ª reimpressão. São Paulo: Atlas, 2006.

JACOBS, F. R., CHASE, R. B. *Administração de Operações e da Cadeia de Suprimentos.* Cap. 19. 13. Ed. AMGH, 01/2012.

MONDEN, Y. *Sistema de produção Toyota.* 3rd Ed., Tokio, Eng Mng P, 1998.

MOREIRA, D. A. *Administração da Produção e Operações.* São Paulo: Cengage Learning, 2011.

14. GESTÃO DA QUALIDADE E INDICADORES DE DESEMPENHO

A Gestão da Produção está sempre buscando melhorias para o processo, aumentando a eficiência dos recursos e maximizando o rendimento operacional. Neste sentido, a gestão da qualidade e seus indicadores de desempenho são fundamentais.

A qualidade pode ser definida como características e atributos que compõem o produto adequando-se às necessidades do cliente, além de atender as especificações do projeto (Paladini, 2012). Segundo Slack, Brandon-Jones & Johnston (2015), a qualidade ainda deve auxiliar na redução de custos, diminuindo retrabalho, desperdícios e falhas em geral.

O que vamos ver neste capítulo:

- Níveis de comprometimento com o cliente;
- Gestão da qualidade;
- Ferramentas tradicionais da qualidade;
- Ferramentas gerenciais da qualidade;
- Planos de ação;
- Indicadores de desempenho.

14.1 Níveis de comprometimento com o cliente

Os clientes estão a cada dia mais exigentes em termos da qualidade dos produtos (bens e serviços). Neste sentido, Bowersox & Closs (2013) relataram três níveis de comprometimento com o cliente: Serviço, Satisfação e Sucesso do cliente.

Serviço ao cliente refere-se, especificamente, à cadeia de atividades de satisfação das vendas, a qual, usualmente, começa com a entrada do pedido e termina com a entrega do produto ao cliente; em alguns casos, continuando com o serviço de manutenção ou de equipamento, ou outro suporte técnico (Ballou, 2001). Em programas básicos de serviço ao cliente, o foco normalmente se encontra nos aspectos operacionais e em garantir que a organização consiga fornecer os sete "certos" a seus clientes: *A quantidade* ***certa,*** *do produto* ***certo,*** *no momento* ***certo,*** *no local* ***certo,*** *nas condições* ***certas,*** *pelo preço* ***certo*** *e com a informação* ***certa.*** A preocupação fundamental no desenvolvimento de uma estratégia de serviço é: O custo para alcançar determinado desempenho em serviços representa um investimento sensato? (Bowersox & Closs, 2013).

Define-se a **satisfação do cliente** como estando relacionada com a comparação entre uma expectativa do cliente quanto ao desempenho de um serviço e a sua percepção daquele desempenho. Se o desempenho percebido satisfaz às expectativas, então o cliente estará satisfeito. Caso ele exceda em muito as suas expectativas, então o cliente está altamente satisfeito ou encantado. Por fim, se o desempenho está bastante aquém das expectativas, então o cliente estará bastante insatisfeito (Davis *et al*, 2003). Contudo, essa definição apresenta suas limitações que merecem atenção (Bowersox & Closs, 2013). A primeira limitação é supor que clientes satisfeitos estão felizes com o desempenho do fornecedor. Talvez apenas a expectativa do cliente fosse baixa demais. A segunda limitação é supor que o cliente satisfeito será fiel. Caso ele tenha baixado muito suas expectativas iniciais, ele poderá estar satisfeito com algo inferior ao desejado, logo, apresentará alta probabilidade de trocar por outro fornecedor que apresente desempenho superior. Por fim, o que satisfaz um cliente pode não satisfazer outro, e muito menos a todos. Assim, outra limitação está relacionada à tendência em agregar as expectativas de diferentes clientes e negligenciar os princípios básicos da estratégia de marketing relacionada às diferenças entre segmentos de clientes, bem como entre clientes individuais.

> *Sacrifício do cliente: termo usado quando um cliente está satisfeito porque obteve o que esperava, mas está abaixo do que ele desejava ou precisava.*

Por sua vez, o **sucesso do cliente** refere-se a atividades específicas ou singulares que as empresas podem desenvolver em conjunto para melhorar sua eficiência, eficácia e relevância (serviços com valor agregado). Tende a ser específico a cada cliente, o que dificulta generalizar todos os possíveis serviços com valor agregado, sendo, portanto, fundamental entender quais serviços devem receber a prioridade (ver capítulo 2).

Resumindo:

- O foco no **serviço ao cliente** é voltado para a instituição de padrões internos de desempenho de serviços básicos;
- **Satisfação do cliente** é construída sobre o reconhecimento de que os clientes têm expectativas em relação ao desempenho, e a única maneira de garantir que eles fiquem satisfeitos é avaliar a percepção que têm quanto ao desempenho em relação a essas expectativas;
- O **sucesso do cliente** retira o foco das expectativas e o coloca nos requisitos reais do cliente.

14.2 Qualidade por variável *versus* atributo

Há duas formas básicas de se proceder diante da avaliação dos característicos de qualidade (Carpinetti, 2016). Seria por atributos ou por variáveis.

Na avaliação da qualidade por atributos os característicos não são medidos. A avaliação é expressa por um adjetivo. Utilizam-se escalas discretas, quase sempre binomiais, próprias do processo de classificação. As expressões como "defeituosa" ou "perfeita" são típicas desse tipo de controle. Assim, não fica determinada a intensidade de um defeito, mas apenas a presença ou ausência. Podem ser usados instrumentos (calibradores, por exemplo) perfeitamente aferidos, porém, o resultado da inspeção não cria uma medida, mas, sim, uma classificação: conforme ou não conforme.

Por outro lado, na avaliação da qualidade por variável os característicos são medidos por meio de mecanismos e/ou dispositivos. A expressão que caracteriza a qualidade é sempre um valor exato. Fica claramente determinada a intensidade de um defeito, não apenas sua presença ou ausência.

14.3 Ferramentas tradicionais da qualidade

As ferramentas são fundamentais no desempenho da qualidade estratégica. Elas têm o propósito de apoiar o caminho da tomada de decisões e resoluções de problemas e até mesmo para melhorar situações. Neste sentido, há sete ferramentas tradicionais da qualidade (Carpinetti, 2016):

- **i.** Estratificação e Folha de verificação;
- **ii.** Histograma;
- **iii.** Gráfico de Pareto;

iv. Fluxograma (visto no Capítulo 3);

v. Diagrama de causa e efeito;

vi. Diagrama de dispersão;

vii. Gráfico de controle.

14.3.1 Estratificação e folha de verificação

A **estratificação** consiste na divisão de um grupo em diversos subgrupos com base em características distintivas ou de estratificação. Com a estratificação dos dados, objetiva-se identificar como a variação de cada um desses fatores interfere no resultado do processo ou problema que se deseja investigar. Deve-se observar, entretanto, que para se analisar os dados de maneira estratificada é preciso que a origem dos dados seja identificada, ou seja, é importante anotar, por exemplo, em que dias da semana e em que horários os dados foram coletados, quais máquinas estavam em operação e quais foram os operários e os lotes de matéria-prima envolvidos. Também é importante que os dados sejam coletados durante um período de tempo não muito curto, de forma que se possam analisar os dados também em função do tempo. Para isso, usa-se a **folha de verificação**, ou seja, usada para planejar a coleta de dados a partir de necessidades de análise de dados futuras. Com isso, a coleta de dados é simplificada e organizada, eliminando-se a necessidade de rearranjo posterior dos dados (Carpinetti, 2016).

14.3.2 Histograma e gráfico de Pareto

Histograma é uma ferramenta que têm por objetivo expor através do uso de barras verticais ocorrências de um determinado estado de uma variável, como ilustra a Figura 67 (Carpinetti, 2016; Vieira, 2014).

Figura 67: Histograma.

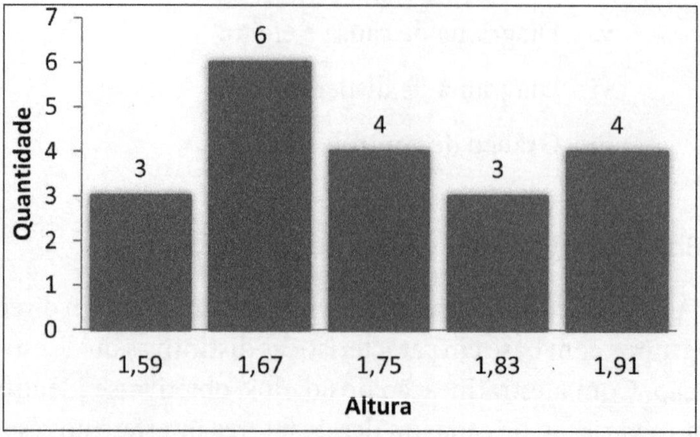

Fonte: a autora (2024).

A partir do histograma é possível analisar as ocorrências por meio do Gráfico de Pareto (Figura 68). É um gráfico de barras que ordena as frequências das ocorrências, da maior para a menor, possibilitando a pré-ordenação dos problemas.

Figura 68: Gráfico de Pareto.

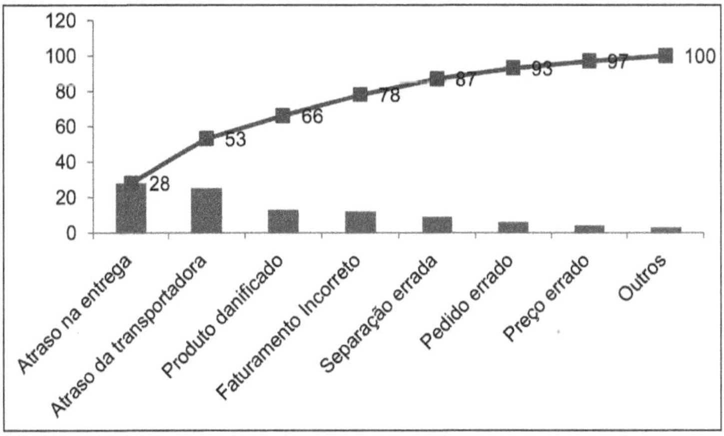

Fonte: a autora (2024).

A maior utilidade deste gráfico é a de permitir uma fácil visualização e reconhecimento das causas ou problemas mais relevantes, possibilitando a centralização de esforços sobre eles (Vieira, 2014). Assim, o diagrama de Pareto estabelece prioridades, isto é, mostra em que ordem os problemas devem ser resolvidos.

14.3.3 Diagrama de causa e efeito

Esta ferramenta é também denominada de Diagrama de *Ishikawa* ou espinha de peixe, devido ao seu formato (Figura 69). Sua utilização se faz através da necessidade de identificar as principais causas que estão ocasionando um problema em algum processo da organização, enriquecendo a sua análise e a identificação de soluções (Vieira, 2014).

Figura 69: Diagrama de *Ishikawa*.

Fonte: a autora (2024).

As causas devem ser agrupadas em categorias. Um sistema muito usual é do 6M, em que cada M significa (Carpinetti, 2016):

1. **Método:** expõe itens relacionados aos procedimentos operacionais como clareza e simplicidade dos procedimentos, facilidade de execução, ausência de passos essenciais ao desempenho da função etc.
2. **Mão de obra:** trata os aspectos físicos e mentais dos trabalhadores envolvidos no problema, a pontualidade, o absenteísmo, cumprimento das regras e o comportamento em geral.
3. **Máquina:** refere-se aos equipamentos quanto a sua deterioração, manutenção, identificação, armazenagem etc.
4. **Meio ambiente:** aspectos relativos ao ambiente de trabalho como iluminação, resíduos, temperatura, vibração, pó, nas oficinas, escritórios, corredores, passagens e áreas ligadas ao problema em estudo.
5. **Material:** aborda itens como situação dos fornecedores, fornecimento interno, condições de armazenagem etc.
6. **Medida:** detalha itens relacionados à medição como condições do instrumento de medida, condições de medição, frequência, inspeção etc.

14.3.4 Diagrama de dispersão e gráfico de controle

Diagrama de dispersão é usado para visualizar a relação de dependência entre um parâmetro de qualidade (y) e uma variável do processo (x), analisando uma possível relação entre elas (correlação), bem como sua intensidade, como resume a Figura 70 (Montgomery, 2017; Moreira, 2011).

Figura 70: Diagrama de dispersão.

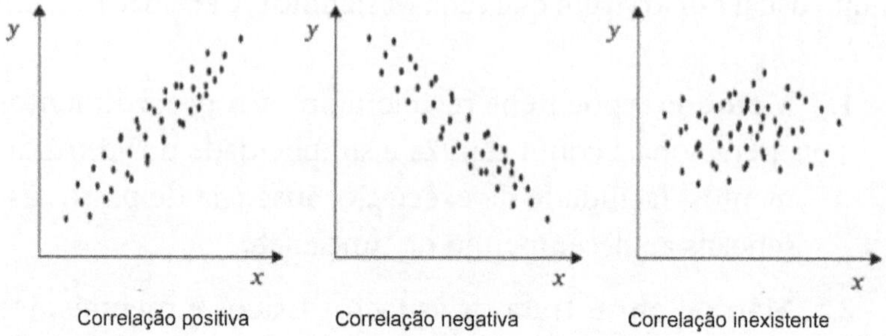

Fonte: a autora (2024).

O gráfico de controle (Figura 71) é o meio pelo qual a variação de um processo é controlada. Assim, é possível **verificar,** pelo comportamento das amostras retiradas do processo ao longo do tempo, se o **padrão** de variação, resultado da totalidade de variação das causas comuns somente está acontecendo. O gráfico de controle somente poderá ser utilizado como instrumento de controle de processo quando o processo estiver sob controle estatístico. Somente nessa condição os limites de controle e linha central realmente representam o comportamento previsível do processo (Montgomery, 2017).

Figura 71: Gráfico de controle.

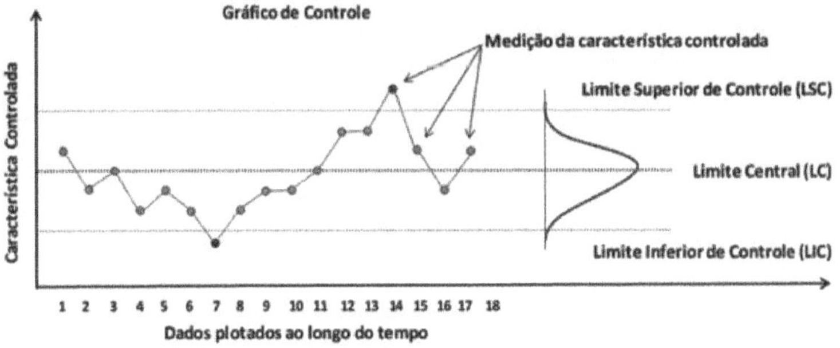

Fonte: adaptado de Montgomery, 2017.

14.4 Ferramentas gerenciais da qualidade

Além das ferramentas tradicionais da qualidade há outras sete conhecidas como ferramentas gerenciais, que são: Diagrama de relações; Diagrama de afinidades; Diagrama em árvore; Matriz de priorização; Matriz de relações; Diagrama de processo decisório; Diagrama de atividades (ou diagrama de redes, estudado no Capítulo 12).

14.4.1 Diagrama de relações

O objetivo do diagrama de relações é estabelecer relações de causalidade entre diferentes fatores, auxiliando na identificação das causas-raízes de um problema. Apesar da semelhança com o diagrama de *Ishikawa*, aqui é possível criar relação entre os 6M de modo que um M pode ser a causa de outro. No Diagrama de *Ishikawa* isso seria menos provável (Carpinetti, 2016). Para exemplificar, observe o diagrama de *Ishikawa* da Figura 69, para o problema do café ruim. Note que todas as causas estão divididas nas categorias, mas não é possível visualizar se há relação entre elas. Por outro lado, o diagrama de relações (Figura 72) consegue apresentar essas casualidades.

Figura 72: Diagrama de relações.

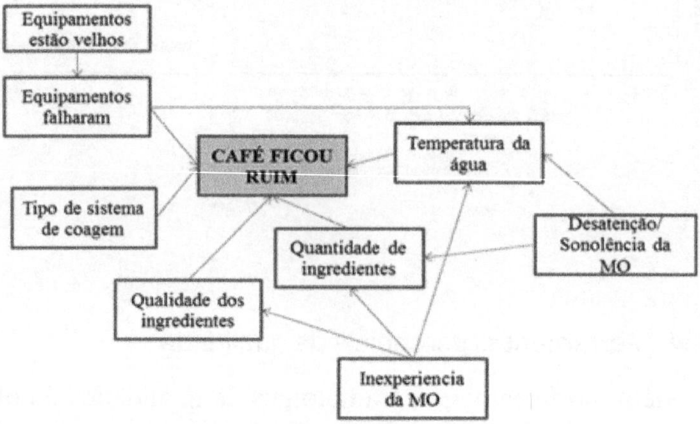

Fonte: a autora (2024).

Ressalta-se que um diagrama complementa o outro, pois um diagrama de relações feito após o diagrama de *Ishikawa* tem muito mais chances de englobar todas as categorias de fatores relevantes do que sem ele.

14.4.2 Diagrama de afinidades

O Diagrama de afinidades (Figura 73) é um processo, em que se agrupam ideias semelhantes relacionadas a um dado tema (Carpinetti, 2016).

Figura 73: Diagrama de afinidades

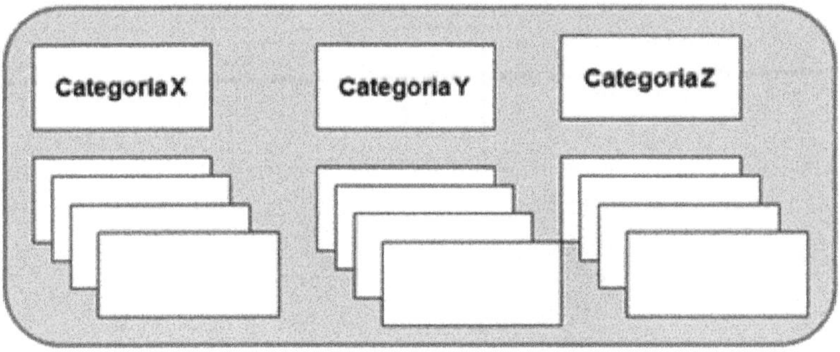

Fonte: a autora (2024).

14.4.3 Diagrama em árvore

O diagrama em árvore é uma forma de identificar as causas de um problema detalhando em níveis hierárquicos. Ele pode ser aprimorado com o uso da técnica dos cinco porquês, que consiste em sistematicamente realizar a pergunta "por quê?" em busca da causa raiz do problema. Nem sempre é necessário realmente executar todas as cinco perguntas, pois a causa pode ser identificada com poucos questionamentos quando o problema é mais superficial do que aparenta (Carpinetti, 2016). A Figura 74 apresenta de maneira lúdica um diagrama em árvore do problema do café ruim aprimorado pela técnica dos 5 porquês.

Figura 74: Diagrama em árvore + os 5 Porquês.

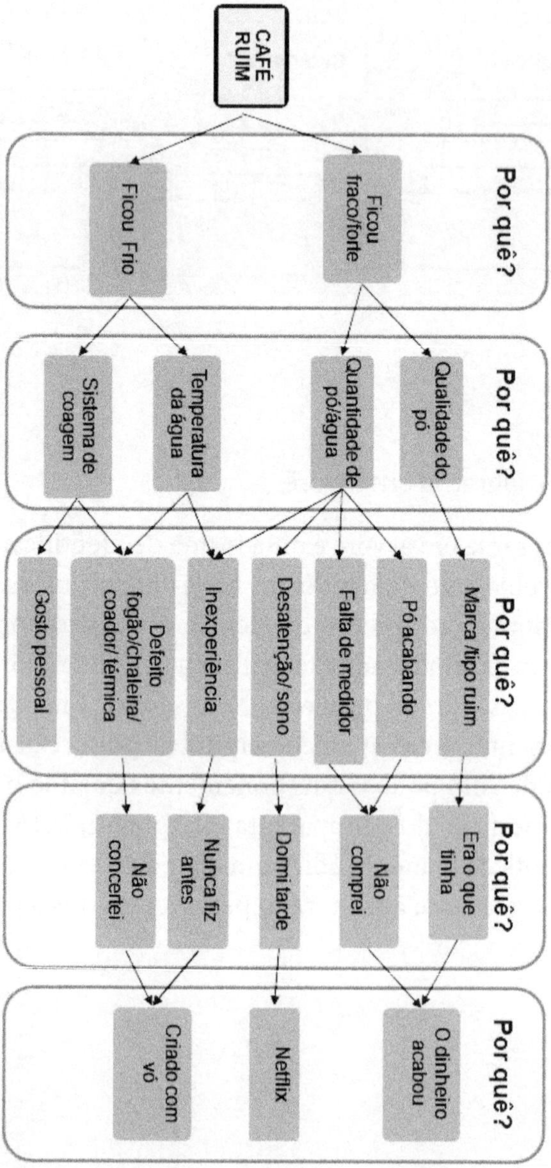

Fonte: a autora (2024).

14.4.4 Matriz de priorização

Com a falta de tempo para conseguir atender a todos os projetos e suas necessidades, além de recursos limitados, é indispensável identificar os melhores projetos a serem priorizados. Baseada em critérios previamente estabelecidos, é feita uma análise indicando quais projetos devem ser implementados e quais destes são prioritários. Existem diversas matrizes de priorização diferentes, cada uma utilizando critérios únicos para definir o que é prioritário. Algumas matrizes de priorização são GUT, FMEA e *SETFI.*

O Quadro 16 exemplifica o uso da matriz GUT para o problema do café ruim, atribuindo uma avaliação de 1 (menos relevante) a 5 (mais relevante) nos três critérios da matriz: Gravidade, Urgência e Tendência. Com a análise da matriz de priorização percebe-se que o primeiro problema a ser resolvido seria equipamentos velhos.

Quadro 16: Matriz de priorização GUT.

FATOR	G Gravidade	U Urgência	T Tendência	GxUxT	Priorização
Equipamentos velhos	5	4	5	100	1º
Sistema de coagem escolhido	5	5	2	50	3º
Qualidade dos ingredientes	5	3	1	15	4º
Desatenção/sonolência da MO	4	3	5	60	2º
Inexperiência da MO	4	3	1	12	5º

Fonte: a autora (2024).

14.4.5 Matriz de relações

A matriz de relações é mais requisitada em processos complexos, que precisam de um mapeamento mais detalhado para o planejamento. Ela procura identificar a existência de relações entre duas ou mais variáveis e/ou relações entre a mesma variável (correlação). O Quadro 17 exemplifica o uso de uma matriz de relações para o problema do café ruim, onde: ▲ Relação forte; □ Relação moderada; ○ Relação fraca.

Quadro 17: Matriz de relações.

Fatores	Sabor	Cheiro	Temperatura
Equipamentos velhos	□	○	▲
Sistema de coagem escolhido	▲	○	□
Qualidade dos ingredientes	▲	▲	○
Quantidade de ingredientes	▲	▲	○
Inexperiência da MO	□		□

Fonte: a autora (2024).

14.4.6 Diagrama de processo decisório

O Diagrama de processo decisório sistematiza o processo de decisão, mapeando todos os caminhos possíveis para se alcançar um objetivo. Por meio de uma árvore, ilustra o encadeamento entre as decisões tomadas e suas consequências. A Figura 75 mostra de maneira lúdica um diagrama de processo decisório. Neste exemplo supomos que a APAC (Agência Pernambucana de Águas e Clima) emitiu um alerta laranja para o município de Recife (PE), porém é final de semestre e os alunos terão prova de álgebra na Universidade Federal de Pernambuco (UFPE).

Figura 75: Diagrama de processo decisório.

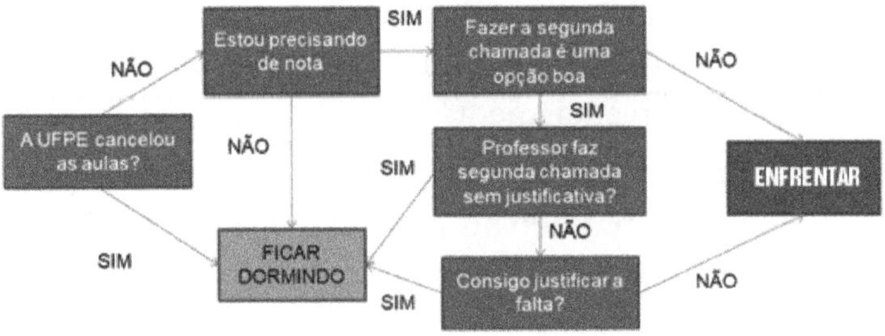

Fonte: a autora (2024).

14.5 Planos de ação

Um plano de ação é um documento utilizado para fazer um planejamento de trabalho necessário e atingir um resultado desejado (estratégico) ou a resolução de problemas. Essas são algumas ferramentas úteis para elaborar (e gerenciar) um plano de ação: PDCA, DMAIC, MASP, 5W2H e BSC.

14.5.1 PDCA

O ciclo PDCA proporciona nas organizações uma mudança fixa na melhoria contínua, bem como no controle da qualidade total (Seleme & Stadler, 2008). Em sua forma de melhoria contínua, o ciclo PDCA divide-se em: Planejar (*Plan*), Fazer (*Do*), Checar (*Check*) e Agir (*Act*), como resume a Figura 76, em que se tem (Carpinetti, 2016; Carvalho & Paladini, 2012):

- ***Plan:*** definir as metas, as oportunidades de melhorias, as falhas e como resolvê-las.
- ***Do:*** com a elaboração das atividades anteriores, devem-se obter dados, resolver os problemas de forma experimental e ter os resultados anotados.

- *Check:* baseado nos experimentos e nos resultados da segunda etapa deve-se verificar se a meta estabelecida foi alcançada e se as falhas foram sanadas, assim reavaliando também o planejamento.
- *Act:* nesta etapa o que foi anotado e planejado é aplicado, e assim incorporado normalmente ao processo, com isso, o ciclo é reiniciado, tomando-se como base o que foi feito.

Figura 76: Ciclo PDCA.

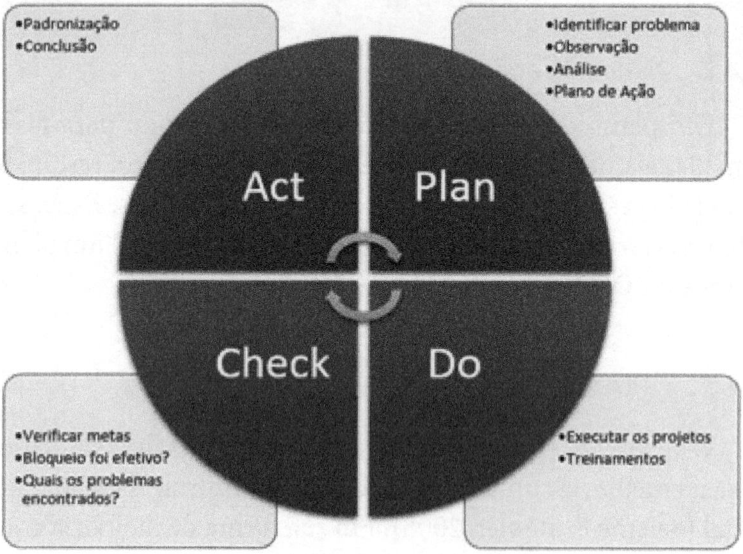

Fonte: adaptado de Carpinetti, 2016 e Carvalho & Paladini, 2012.

14.5.2 DMAIC

O DMAIC é uma ferramenta que fornece suporte na implementação do Seis Sigma, possuindo uma estrutura consolidada que contribui na resolução de problemas dos mais variados tipos, trazendo resultados positivos na redução de conformidades, no aumento da satisfação do consumidor e gerando lucratividade para a empresa (Perez-Lopez & Garcias-Cerdas, 2014). O DMAIC possibilita o uso de um conjunto de ferramentas, onde direciona a melhor forma de utilização dessas ferramentas em cada uma de suas etapas, conseguindo cumprir pequenos objetivos que culminam para o objetivo central do projeto (Fernandes *et al.*, 2021). O DMAIC é composto por cinco etapas principais (Carpinetti, 2016; Carvalho & Paladini, 2012):

- Definir (*Define*): definição das metas das atividades de melhoria. No âmbito operacional, uma meta possível seria o aumento de produção de determinado departamento.
- Mensurar (*Measure*): medição do sistema existente. Estabelecimento de métricas válidas e confiáveis para ajudar a monitorar o progresso rumo às metas definidas no passo anterior.
- Analisar (*Analyse*): analisar o sistema para identificar formas de eliminar a lacuna entre o desempenho atual do sistema (ou processo) e a meta desejada. Devem ser aplicadas ferramentas estatísticas para orientar a análise.
- Melhorar (*Improve*): a empresa deve ser criativa para achar novas maneiras de fazer melhor as coisas, de uma forma mais econômica ou mais rápida. Devem ser empregados métodos estatísticos para validar a melhoria.
- Controlar (*Control*): Controlar o novo sistema. Institucionalização do sistema aperfeiçoado, modificando os sistemas de remuneração e incentivos, política, procedimentos de planejamento das necessidades de material, orçamentos, instruções operacionais e outros sistemas de gerenciamento.

14.5.3 MASP

O método de análise e solução de problemas (MASP) é uma metodologia que soluciona questões concebidas de forma ordenada, composto de etapas definidas e destinadas a escolher um problema, análise das causas, determinação e planejamento de um conjunto de ações que constituem uma solução, verificação do resultado da solução. Campos (2004) definiu o MASP em oito etapas:

I. **Identificação do Problema:** nessa fase o objetivo é definir o problema que será estudado e apresentar as justificativas que motivaram a escolha. Após a escolha, o problema é apresentado e são fornecidas todas as informações conhecidas para a ocorrência do fato. Nesta etapa, também é apresentado o período a que se refere o problema, as possíveis perdas e ganhos com sua existência e os responsáveis pelo estudo.

II. **Observação do Problema:** aqui o objetivo é descobrir as características do problema através da coleta de dados sobre vários pontos de vistas, tais como: tempo, local, tipo etc. Nesta fase, não há limite de tempo, pois quanto maior o tempo de observação do problema, menor será o tempo gasto para resolvê-lo. A análise deve ser realizada onde o problema for identificado, de modo a resguardar todas as características para que não gere uma observação distorcida do problema.

III. **Análise:** neste processo são identificadas as causas reais influentes do problema. Para facilitar esse processo é utilizado a ferramenta dos 5 porquês, onde são lançadas as causas e, com isso, o detalhamento dos motivos possíveis de cada situação apresentada, encontrando assim a causa raiz.

IV. **Plano de Ação:** confirmadas as causas fundamentais do problema, o próximo passo é elaborar o Plano de Ação que englobe as ações propostas. Para bloquear as causas prováveis, utiliza-se a técnica dos 5 porquês, além disso, é preciso estabelecer as metas a serem atingidas.

V. **Execução:** neste processo são divulgados os resultados do MASP e os treinamentos necessários para as pessoas responsáveis por lidarem com o problema.

VI. **Verificação:** nesta etapa os resultados iniciais são comparados aos resultados obtidos após a implementação das contramedidas propostas, assim como os custos iniciais e os custos após a implementação das contramedidas. Se os efeitos indesejáveis continuarem, significa que a solução foi falha, então um novo MASP deverá ser realizado após a implementação das contramedidas.

VII. **Padronização:** mapeamento e padronização dos processos. Os novos procedimentos devem ser amplamente divulgados a todos os envolvidos no processo, expondo as razões, motivos e benefícios das mudanças.

VIII. **Conclusão:** relacionar se o problema foi resolvido.

Nas etapas do método MASP são utilizadas ferramentas tradicionais e gerenciais da qualidade para que possa resolver o problema de forma eficaz.

A Figura 77 resume os três planos (PDCA, DEMAIC e MASP) relacionando suas etapas.

Figura 77: Ciclo PDCA *versus* DMAIC *versus* MASP.

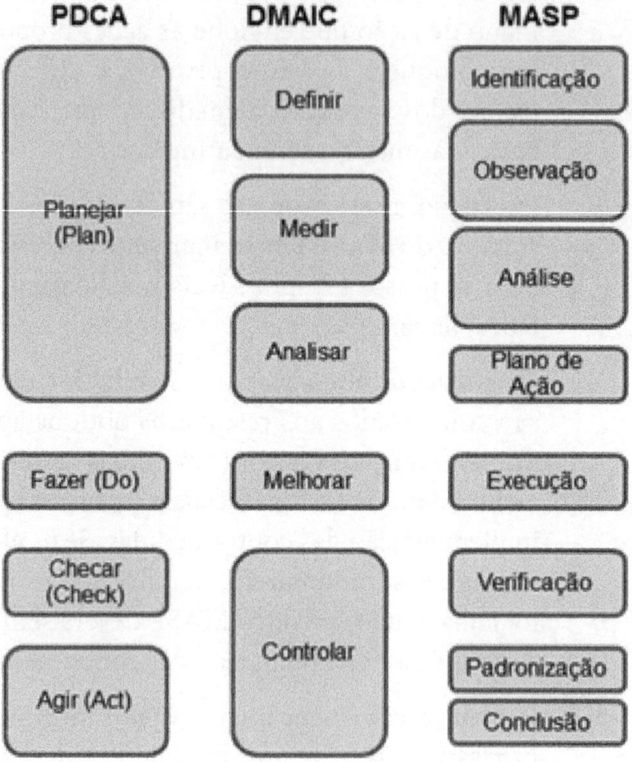

Fonte: adaptado de Campos, 2004; Carpinetti, 2017; Carvalho & Paladini, 2012.

14.5.4 5W2H

O Plano de ação e análise, também conhecido por 5W2H, traduz a utilização de perguntas originais do idioma inglês que se iniciam com as letras “W” e “H”. Seu objetivo é gerar respostas esclarecedoras para o problema a ser solucionado ou que facilite a organização das ideias na resolução de problemas (Viera Filho, 2014). O 5W2H deve ser utilizado para:

- Referenciar as decisões de cada etapa no desenvolvimento do trabalho;
- Identificar as ações e responsabilidade de cada um na execução das atividades;
- Planejar as diversas ações que serão desenvolvidas no decorrer do trabalho.

O Quadro 18 apresenta o funcionamento desta ferramenta. Ressalta-se que uma variante comum deste plano é o 5W1H retirando "*How much*?".

Quadro 18: 5W2H.

Pergunta	Significado	Pergunta instigadora
What?	O quê?	O que será feito?
Who?	Quem?	Quem irá fazer?
Where?	Onde?	Onde será feito?
When?	Quando?	Quando será feito?
Why?	Por quê?	Por que será feito?
How?	Como?	Como será feito?
How much?	Quanto custa?	Quanto vai custar?

Fonte: adaptado de Carpinetti, 2016.

14.5.5 BSC

O *Balanced ScoredCard* (BSC) é uma ferramenta (ou metodologia) que traduz a missão e a visão das empresas em um conjunto abrangente de medidas de desempenho, que serve de base para um sistema de medição e gestão estratégica. Os objetivos e as medidas derivam de um processo hierárquico (*top-down*) norteado pela missão e pela estratégia da unidade de negócios (Kaplan & Norton 1997).

O BSC tradicional é composto por uma relação de causa e efeito entre quatro perspectivas: Financeira, Cliente, Processos internos e Aprendizado, e Crescimento como mostra a Figura 78.

Figura 78: Relação de causa e efeito do BSC.

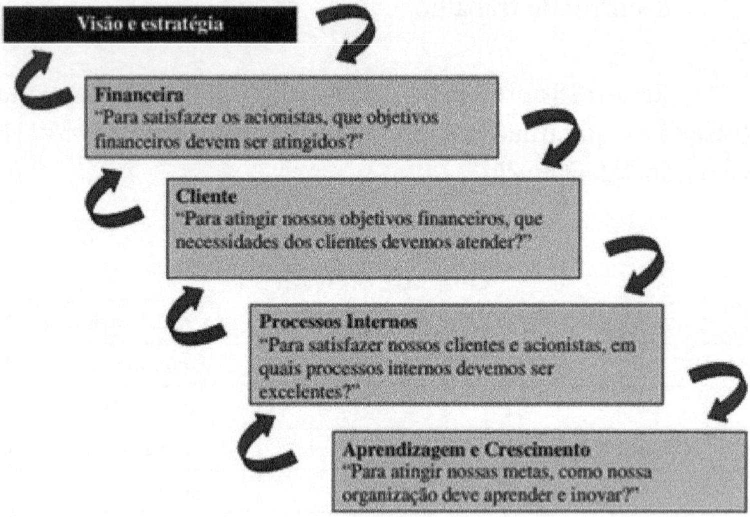

Fonte: Kaplan & Norton, 1997.

Estas perspectivas precisam estar alinhadas e com objetivos definidos, para que sejam criados indicadores de desempenho, de modo a serem medidas e geradas metas que alcancem o resultado esperado e planejado na estratégia definida (Chiavenato & Sapiro, 2016). O Quadro 19 apresenta um plano de ação padrão do BSC.

Quadro 19: Plano de ação BSC.

Objetivos	Indicadores	Metas	Iniciativa
Definem o que a organização quer atingir em cada uma das perspectivas da sua estratégia	Sinalizam o desempenho da organização em cada um dos objetivos	Determinam o nível de performance esperado em cada indicador	Ações ou intervenções necessárias para o alcance do desempenho esperado

Fonte: adaptado de Kaplan & Norton,1997.

14.6 Indicadores de desempenho

Uma melhoria se faz através de indicadores. Como já dizia Deming: "*o que não se mede, não se gerencia*". Vamos apresentar aqui duas classificações de indicadores: (a) *Lagging e Leading;* (b) *in-line, off-line e on-line.*

14.6.1 Indicadores lagging e leading

Os indicadores *Lagging* (ocorrência) refletem resultados de processos já realizados, ou seja, relacionado a eventos passados como lucratividade, participação de mercado, satisfação de clientes etc. Enquanto os indicadores *Leading* (tendência), também conhecidos como "*drivers*", refletem resultados de processos que têm seus desdobramentos no futuro. Empregados para medir as ações que promovem ou levam aos resultados medidos pelos indicadores *lagging* (Chiavenato & Sapiro, 2016). Como exemplo, suponha que uma empresa queira melhorar o desempenho de seus mecânicos de veículos levados para revisão. Exemplos de indicadores são:

- *Lagging* (ocorrência): quantos veículos revisados não recebem reclamações dos proprietários, nem voltam para serem reparados em curto espaço de tempo.
- *Leading* (tendência): quantos cursos cada mecânico cursou e a carga-horária deles.

14.6.2 Indicadores in-line, off-line e on-line

Qualidade *in-line* está relacionada ao **Processo Produtivo**. Prioriza os esforços para a correção e prevenção de defeitos, visando a otimização do processo (Carvalho & Paladini, 2012; Paladini, 2012). Há seis características básicas nesse ambiente:

1. Eliminação de defeitos.
2. Identificação da real capacidade de produção.
3. Estratégia da produção: melhoria de operações, programas de redução e racionalização de custos, campanha para eliminar desperdícios, minimização de perdas de produção etc.
4. Otimização de processos.
5. Atendimento às especificações.
6. Consequentemente, processo sob controle.

Qualidade *off-line* está relacionada ao **Suporte** ao processo produtivo. O *off* tem sentido de desligado como um botão que está desativado, mas está dentro da área física considerada. Enfatiza as atividades não diretamente ligadas ao processo de produção/fabricação, ou seja, as operações de suporte como Manutenção, Planejamento e Controle de Produção (PCP), Consultorias externas etc. (Carvalho & Paladini, 2012; Paladini, 2012).

Qualidade *on-line* está relacionada à **Reação ao mercado**, ou seja, trata da relação da empresa com o mercado. Procura viabilizar a ênfase que se confere ao cliente no conceito da qualidade. O objetivo é gerar um produto sempre adequado ao consumidor (com maior eficácia) (Carvalho & Paladini, 2012; Paladini, 2012).

14.7 Questões para discussão

1. Por que a gestão da qualidade é importante nos processos produtivos?
2. Quais são os níveis de comprometimento com o cliente em relação à qualidade?
3. Quais são as ferramentas tradicionais da qualidade e qual é o tipo de informação que cada uma proporciona?
4. Quais são as ferramentas gerenciais da qualidade e em que situações de uso cada uma é mais adequada?
5. Explique as categorias de indicadores de desempenho apresentadas e cite exemplos.
6. Explique as ferramentas úteis para elaborar (e gerenciar) um plano de ação: PDCA; DMAIC; 5W2H, MASP e BSC.

REFERÊNCIAS

BALLOU, R. H. *Gerenciamento da cadeia de suprimentos*: planejamento, organização e logística empresarial. Tradução Elias Pereira. 4. ed. Porto Alegre: Bookman, 2001.

BOWERSOX, D.J., CLOSS, D. J., COPPER, B., BOWERSOX, C. *Gestão Logística da Cadeia de Suprimentos*. 4. ed. AMGH, 2013.

CAMPOS, Vicente F. *TQC – Controle da Qualidade Total* (no estilo japonês). Belo Horizonte: Ed. INDG Tecnologia e Serviços, 2004.

CARPINETTI, L. C. R. *Gestão da qualidade*: conceitos e técnicas. 3. ed. São Paulo: Atlas, 2016.

CARVALHO, M. M.; PALADINI, E.P. (Org.) *Gestão da Qualidade*: Teoria e Casos. 2. ed. Rio de Janeiro: Elsevier: ABEPRO, 2012.

CHIAVENATO, I.; SAPIRO, A. *Planejamento Estratégico*: Fundamentos e Aplicações da intenção aos resultados. 3. ed. Rio de Janeiro: Elsevier, 2016.

DAVIS, M.; CHASE, R. B; AQUILANO, N. J. *Fundamentos da administração da produção*. 3. ed. Bookman, 2003.

FERNANDES, C. H. A.; SILVA, A. C. G. C.; FERRAZ, A. V. F.; SANTOS, P. V. S. *Aplicação da metodologia DMAIC para redução dos desperdícios em uma indústria de gesso do interior de Pernambuco*. Brasil. Navus – Revista de Gestão e Tecnologia, [S.l.], v. 11, p. 01-19, ago. 2021. ISSN 2237-4558.

KAPLAN, R. S.; NORTON, D. P. *A estratégia em ação*: balanced scorecard. 26. ed. Rio de Janeiro: Elsevier, 1997.

MONTGOMERY, D. C. *Introdução ao controle estatístico da qualidade*. 7. ed. Rio de Janeiro: LTC, 2017.

MOREIRA, Daniel. Augusto. *Administração da Produção e Operações*. 2. ed. São Paulo: Cengage Learning, 2011.

PALADINI, E. P. *Gestão da qualidade*: teoria e prática. São Paulo: Atlas, 2012.

PÉREZ-LÓPEZ, Esteban; GARCÍA-CERDAS, Minor. *Implementación de la metodología DMAIC-Seis Sigma en el envasado de licores en Fanal*. Revista tecnología en Marcha, v. 27, nº 3, p. 88-106, 2014.

SELEME, Robson; STADLER, Humberto. *Controle da Qualidade*: As Ferramentas Essenciais. Curitiba: IBPEX, 2008.

SLACK, N.; BRANDON-JONES, A.; JOHNSTON, R. *Administração da Produção*, 4. ed. Atlas, 2015.

VIERA FILHO, Geraldo. *Gestão da qualidade total*: Uma abordagem prática. 5. ed. Campinas: Alínea, 2014.

VIEIRA, Sônia. *Estatística para a qualidade*. 3. ed. Rio de Janeiro: Elsevier, 2014.